谁说未来不可见

家庭教育规划手册

陈筱芝 著

電子工業出版社
Publishing House of Electronics Industry
北京 · BEIJING

图书在版编目（CIP）数据

谁说未来不可见：家庭教育规划手册 / 陈筱芝著. —北京：电子工业出版社，2020.12
ISBN 978-7-121-39959-6

Ⅰ. ①谁… Ⅱ. ①陈… Ⅲ. ①家庭教育 Ⅳ. ①G78

中国版本图书馆CIP数据核字（2020）第225624号

责任编辑：杨洪军
印　　刷：三河市鑫金马印装有限公司
装　　订：三河市鑫金马印装有限公司
出版发行：电子工业出版社
　　　　　北京市海淀区万寿路173信箱　邮编100036
开　　本：720 × 1000　1/16　印张：19　字数：234千字
版　　次：2020年12月第1版
印　　次：2020年12月第1次印刷
定　　价：68.00元

凡所购买电子工业出版社图书有缺损问题，请向购买书店调换。若书店售缺，请与本社发行部联系，联系及邮购电话：（010）88254888，88258888。
质量投诉请发邮件至zlts@phei.com.cn，盗版侵权举报请发邮件至dbqq@phei.com.cn。
本书咨询联系方式：（010）88254199，sjb@phei.com.cn。

前言　家庭教育的海恩法则

所有的美好都是有备而来

孩子为什么不爱学习?

孩子为什么沉迷游戏不可自拔?

孩子为什么和我对着干?

我投入了大量时间培养孩子，孩子却没成为想象中的样子?

别人家的孩子都在学，我家孩子要不要学?

想让孩子在社会上好好发展，我现在要怎样培养孩子?

没有一个问题是孤立存在、突然发生的。孩子的问题和家庭教育有着千丝万缕的关系。

孩子的现在，和前期家庭教育的因果关系

有的孩子从“留守儿童”到进入哈佛,有的孩子却从父母的骄傲到“啃老寄生虫”，这和家庭教育之间有什么因果关系呢?

何江,1988 年出生,是首位登上哈佛大学毕业典礼演讲台的中国学生，2005 年就读于中国科学技术大学（中科大），2009 年赴美国哈佛大学求学，硕博连读。他的家乡在湖南省宁乡县（现为宁乡市）的一个小山村，父母是普通农民，经常外出打工，曾一度让他成了“留守儿童”。但即使

起步于这样的人生低点，他也能点亮人生的高光时刻。

大卫，48 岁，自小成绩优异，加拿大名校滑铁卢大学工程硕士，是典型的“别人家的孩子”。毕业回国后却长年宅在家里睡觉、打游戏，不肯工作，靠年迈又身患尿毒症的母亲接济生活，逼得母亲一纸诉状将他告上法庭。大卫把自己经历的种种不顺归咎于母亲，说是母亲当初的溺爱毁了他的前途。手上原本拿了一把“好牌”的大卫，却在离开学校后长成了“废才”。

孩子面临的现状是家庭早期教育叠加演化的结果。从普通到出彩，从精英到“巨婴”，从让父母骄傲到让父母嫌弃，凡事有果必有因，所有的美好，都是有备而来，所谓的幸运，都是曾经努力埋下的伏笔。

孩子的未来，藏在父母点滴的准备中

结果和过程的关系，早就藏在海恩法则里：每起事故的背后，必然有 29 次轻微事故、300 起未遂先兆、1000 起事故隐患。世上从来没有不期而至的成功或失败，所有的必然都是由无数个偶然积累而成的，这就是海恩法则。反过来，成功的孩子各有各的成功，孩子的现在，就是他过去无数次日常行为的日积月累；孩子的未来，也必然由过去和现在的行为决定。很多看似无意义的事情，最后都可能是成长的基石。人生就是单行道，孩子走的每一步都算数。

何江和大卫迥然不同的教育结果，源于不同的家庭培养观念、父母的教育理念及行为，经过时间的叠加，在孩子成年后表现出巨大影响和分化。

何江的父亲小学没有毕业，母亲是初中学历，但他们坚持认为孩子一定可以成才，认为成才的核心就是建立信念，相信读书可以改变命运。抱着这个信念，他们用心陪伴，结果培养出优秀的人才。

而大卫出生在可以送他出国读书的家庭中，显然生活条件优越。他本可借助良好起点获得更大的发展，这一切却毁在人生中场，一面是老去的父母，一面是一无所成的大卫。面对这样的结果，大卫的母亲追悔莫及："我教育得不对，样样包办，他从小样样是现成的，依赖惯了……"

家长样样包办、孩子事事依赖等日常教育中的小问题积累到一定程度，就会成为大问题。小问题犹如一片片雪花，在雪崩时，没有一片是无辜的。

无论社会如何发展，总有孩子成功突破家庭阶层，也总有孩子手握"王牌"却提前出局。无论是何江还是大卫，起点不同的孩子，在数十年中形成落差巨大的局面，都是日常点滴中那些不起眼的行为造成的。

孩子的成长不可逆，现在的每一刻都是全新时刻，每一步都是海恩法则里的千分之一步，若想拥有美好的未来，就要走好现在的每一步，静待厚积薄发的一天。

世上从来没有随随便便的成功，你所看到的成功，都是有备而来的。只要乾坤未定，谁都可能是匹"黑马"。孩子美好的未来，早就藏在父母点滴的准备中。

只有你，对孩子一生负责

教育是庞大的系统工程，孩子、家庭、学校、社会缺一不可，各司其职。学校有系统的培养计划，帮助孩子构建完整的知识结构；家庭也应有系统的培养计划，培养孩子在社会上生存与发展的能力，帮助孩子实现梦想。社会是检验家庭教育的“战场”，家庭教育是否成功，最终都将在社会上验证。

对家庭而言，孩子是唯一，孩子的成就直接影响家庭幸福指数；对学校而言，孩子却只是数百、数千分之一。学校是孩子登上教育顶峰的基石，帮助孩子度过学习的关键时期，而为孩子未来买单的还是父母。

权衡利弊，谁受益，谁负责！为孩子一生和自己后半生的幸福着想，就要对自己的孩子负责。

每个孩子的命运，在十多年前父母的选择和努力里可见一斑

“父母之爱子，则为之计深远。”孩子从呱呱落地开始，就无条件地依赖你、信任你，把你视为全世界，所以你要为孩子的未来负责，陪他一起面对世界。

你在羡慕别人家的孩子，你家孩子可能也在羡慕别人家的父母。成功的孩子背后，无一不站着更加努力的父母。与其羡慕别人家的孩子，不如成为别人家的父母。

你看别人家的父母教育孩子似乎毫不费力，实际上他们犹如水面上的鸭子，表面上悠闲，暗地里却一刻不停地努力。

你没有任何借口说“我不会”，因为方法永远比困难多。世上没有笨孩子，只有不做准备的父母。只要你努力探索，一切问题都会迎刃而解！

世界一直在嘉奖努力的父母。你若努力，孩子也将奋起直追。你每次的微小努力，都是在遵循海恩法则，最终将投射到孩子幸福的未来。

目 录

目 录

第一篇

家庭教育战略篇

第一章

家庭教育焦虑产生的原因

社会变化带来的不确定焦虑

走出家庭教育的“茫、盲、忙”怪圈

你知道未来会淘汰什么样的人吗?

你现在培养的孩子能够适应未来的社会吗?

你现在给孩子做的准备，是有想法的准备，还是“随大流”呢?

问题的背后，是你对孩子长远的思考，父母的格局和眼界决定孩子在未来能走多远。

每个人都处在时机的起点

人一生都在面对不确定性因素，你永远不知道每次的选择对未来的影响有多大。我们每次的选择犹如亚马孙河流域的蝴蝶轻轻扇动翅膀，都可

能在遥远的得克萨斯州形成飓风。而现在是过去无数次选择的叠加结果，现在的每次选择，也是未来的起点。

总有人说最好的时代已经过去，“天啊！我真希望在互联网爆发的时候去创业，因为那是创业的最好时期。”或者“早知道股市发展得那么好，我就应该多买股票，这样我早就财务自由了。”“我怎么没在房地产业快速爆发时，利用资金杠杆多买房子？否则现在光收房租就可以过上幸福的生活了。”

你怀念过去到处充满机会的时代，而忽略你正在经历的当下，等将来回想时，“现在”仍然是机会遍地的“过去”。如果你认为过去是最好的时机，同样，现在和未来也是最好的时机，可以说，任何时候我们都正处在下一个时机的起点。

世界上最伟大的东西，现在仍然没有被发明出来，机会永远都存在，什么时候都为时未晚。未来充满期冀，当下，是未来机会第一天的第一个小时，是开始的开始。

未来是机会还是风险，取决于你的选择

《必然》的作者凯文·凯利说：“跟30年后的我们相比，现在的我们就是一无所知，我们必须要相信那些不可能的事情。经济学家发现，全新的东西很少，大多数的创新都是现有事物的重新组合。这种重组就是重混，是世界发展的方向，是重要的趋势。”

越在重大改变的时刻，越会出现两极分化，成为赢家和输家有时只在一念之间。现代社会看上去似乎和过去没有太大不同，实际上已装上不同

的“操作系统”。对个人而言，社会的每次升级，就意味着“个人操作系统”也需要升级，才能跟上社会发展。在这个时代，科技正在打破地域限制，文化正在交融，孩子不再像父母辈一样，拥有相对稳定的工作环境、固定的工作场景、有限的竞争对手。随着中国日益强大，家庭教育可选择的资源范围也从省际向国际不断突破，我们的下一代势必将在全球展开竞争，下一代的思维方式亟须与世界对接。

在未来社会发展中，所有体系都在不断升级，你要如何升级孩子的“底层操作系统”，来面对时刻变化的世界呢？用老一套培养孩子的经验能否培养出适应未来的孩子呢？以上都是家庭教育急需思考的问题，事关孩子在未来是被生活“奴役”，还是可以选择生活。我们也许无法预见未来，但作为父母，你仍有选择。

改变“茫、盲、忙”的家庭培养局面

你可以选择孩子以什么样的面貌出现在未来面前。

每个家庭都在思考孩子的未来，父母通过自我对未来的认知培养孩子，这就是家庭教育规划的起源，教育行动紧紧围绕规划展开。

在未来可预见的条件下，教育规划是件相对简单的事情，沿着原有的成功轨迹培养即可，也可走捷径，借鉴或“抄袭”其他成功家庭的“培养作业”。但目前社会发展已经进入“快车道”，产业及人才更迭频现，未来的不确定性被放大，原有对成功的定义受到挑战。对未来不确定性的担忧传导到家庭教育上，就让父母变得焦虑、迷茫，甚至恐慌起来。

社会往往很残酷，时代抛弃你时，连“再见”都不说一声。

想想十多年后孩子要面对的社会，焦虑和迷茫不能帮助父母解决培养问题，反而会让父母在面对选择时茫然不知所措。一旦选择观望变化或过度解读变化时，家庭教育会因此变得谨慎或过度应对起来，父母从“茫然”地看未来到“盲目”地培养孩子，最终导致孩子“忙碌”地做各种应对准备。

正视问题是解决问题的最好方法，要想让孩子装上适应未来的“底层操作系统”，父母要学会接纳社会的改变，了解发展趋势，不断学习和成长。在孩子没有具备相应能力时，做好成长引导，在孩子具备思考和发展的能力时，学会适时地退出，这就是为人父母的修行和职责。

你的成长，不仅是对孩子的一时负责，更是为孩子的一世负责。

避免“从众效应”的干扰

世界上没有两片相同的叶子，也没有两个完全相同的孩子。既然孩子不相同，教育应该是相同的吗？

现在有多种流派的教育理念，每个流派的起源、初心、背景、地域、所处的经济、文化等都有差别，这些差异使父母不能完全采用“拿来主义”，需要经过甄别，并根据我国国情、家庭和孩子的情况进行改进后方可尝试。

中国的教育很特殊，由于人口基数庞大，仅2020年参加高考的学生就达到1000万人，放眼全球，没有任何国家有如此庞大的学生基数。庞大的基数，有限的优质发展机会，让教育不可避免地成为竞争最激烈的领域之一。读个好大学才能提升孩子的社会竞争力是中国父母普遍的认知，因此，高考就成为孩子们不可回避的压力源。当竞争不可避免，学习成功经验就成为最有效的捷径，于是谁家孩子学习好，谁家孩子考上了顶尖大学，这些“学霸”的成长经验就成为父母们竞相追逐的“宝典”。

但随着社会发展，丰富的业态给每个人的发展提供了多元化的机会，通往向往生活的道路上出现了多种路径，人们纷纷开始思考向往生活的含义及准备方法。有些家庭经过数代积累和发展，财富、地位、见识等已经与其他家庭产生分化，不同阶层的父母对孩子未来的思考也正在悄然发生变化，有些父母的目标已经从追求好学校到期望孩子拥有多种可能的人生。追求的变化，必然带来教育的差异化。

别让独一无二的孩子被“从众效应”裹挟

作为父母，你一定会加入“家长群”。选择什么样的学校就意味着选择和什么样的人在一起共度一段时光。被家长群包围的教育界人士说：“在群里，能看到各种父母的不安、焦躁，随时都有人问在哪里补课？讨论学习排名，孩子的一点点问题都会被父母用‘放大镜’放大，引发群里的讨论。如果没有坚定的信念，肯定要感染上他们的‘焦虑病’。”

要保持“众人皆醉我独醒”的状态，需要莫大的勇气和智慧。群体心理学创始人古斯塔夫·勒庞在《乌合之众》一书说：“人一到群体中，智商就严重降低，为了获得认同，个体愿意抛弃是非，用智商去换取那份让人备感安全的归属感。”这就是“从众效应”。

从众效应让人在一个群体里慢慢变得心理趋同，容易接受情绪感染和心理暗示。在群体中，具备足够强大的能力来抵挡暗示的人寥寥无几，从众的人很容易迷失在趋同的洪流中。

择校不仅是选择一所学校，而且是在选择志同道合的父母，更是在寻找教育理念一致的家庭，寻找能够帮助孩子成长的环境。从众效应对没有定力的孩子影响更明显：

在爱攀比的学校里，周边孩子都在关心服装品牌、消费水平，崇尚拜金主义，孩子就会慢慢变得虚荣起来。

如果周边的同学都追星，爱谈论演艺明星的鸡毛蒜皮，为了获得同龄孩子的认同，你的孩子也会开始追星。

如果遇到爱学习的伙伴，大家喜欢互相讨论、交流，在这种环境里的孩子就会爱上学习。

对父母而言，当你进入某个家长群体，若无定力和信念，很容易迷失在这个群体培养孩子的方式中。

如果群体都在焦虑升学问题，你的周边就会充斥各种升学信息。

如果群体都关注孩子的成绩，那么他们谈论孩子补课、“刷题”就是常态。

如果群体关注孩子的平衡发展，你就会收到各种不同的活动、研究性学习、素质教育等内容。

在“三人成虎”的环境中，能胜出的父母都是对孩子的未来有长远思考的父母。

孩子都是独一无二的，无论是特质、成长节奏、兴趣还是发展方向都有差别。工业时代的教育是标准化的，但互联网时代的教育对人才的培养呈现个性化的特征。如果在学校学习同样的知识，放学后参加同样的培训，无法体现个体差异，进而要因材施教。如果没有差异化特长，孩子就只能一味拼成绩，平凡的孩子如何在互联网时代获得人生机会呢？

从众效应裹挟的不仅是你，还有孩子的现在和未来，只有坚定的信念和教育初心才能让你保持清醒。你不从众，因材施教，才能让孩子最终出彩。

稀缺资源带来的选择焦虑

稀缺带来的焦虑：管窥思维

我们如何被拖入教育焦虑的深渊

父母都容易陷入焦虑，我也是。我曾被孩子的一句话“打”得溃不成军。孩子小学六年级时，曾对我说：“妈妈，我对你最大的意见，就是你周末都没有时间陪我。”一瞬间，我不禁泪流满面。

现代人谁不是一面为自己奋斗，一面为爱的人奔忙，日日悬在头上的考核指标、周周要不断跟进的任务、月月必须完成的月报、年年做不完的年度计划，以及临时调整的工作和变化等，是职业人不得不面临的生存现状。所有的奋力奔跑，不只是为了留在原地，更是想成就更好的自己。

事业和家庭的平衡，对大多数人来说，是一道单选题。所谓的“岁月静好”，不过是因为有人为你默默地负重前行。

千千万万的家庭各有各的焦虑，原因各不相同。有钱的焦虑，没钱的也焦虑，“学霸”父母焦虑，“学渣”父母也焦虑。网上流传着一句触动人心的话：“抱着砖头，就抱不起你；抱起你，就不得不放下砖头。”世上安得两全法，不负孩子不负己？

生活总是在缺钱或缺时间之间扭曲前行，资源缺失影响着人们的生活，也影响着对孩子的培养。

哈佛大学终身教授、行为经济学领域重要领头人塞德希尔·穆来纳森教授与普林斯顿大学心理学教授埃尔德·沙菲尔撰写的《稀缺》一书，阐述了稀缺对人的思维和行为模式的影响。

稀缺会俘获人的注意力，容易影响人的情绪和对世界的认识。资源稀缺有利有弊。

利处：短期带来专注红利，让人专注在重要的事情上，把事情做到最好。

弊处：稀缺带来的最大问题是管窥思维，即因过于专注某件事情而忽略了其他可能更重要的事情，从长远的角度来看，有可能损失更大。将管窥思维投射到教育上，容易造成“高分低能”或培养出“职场巨婴”。譬如上文中提到的大卫，他的家庭早期通过培养他的专注收获教育红利，但长期下来却造成他不想工作的后果。

中国的优质教育资源一直处于稀缺状态，导致教育竞争白热化。如果从经济学角度计算教育的投入产出比，谁都期望在同样的时间内（孩子学习期内）获得最大的收益（孩子考上好大学，毕业后实现高收入）。显而易见，在有限的时间内专注在孩子学习成绩提升上，是家庭获取教育红利的捷径。

从稀缺优势来看，你让孩子将全部时间放在学习上，短期能带来成绩提升，但长期来看，会忽略培养孩子在社会发展中需要的其他技能，不利于孩子的持续发展。

孩子成长过程中，资源始终会稀缺，父母只有摆脱稀缺心态的桎梏，远离焦虑，才能为孩子做明智的选择。

资源稀缺下的选择

选择的背后是机会或风险。人生像是一道多项选择题，每件事都是选择，每分每秒，每时每刻我们都在做大大小小的选择。困扰父母的，往往不是题目本身，而是众多的选项。在教育上，很多父母最终的选择是：在有限的时间内，完成孩子升学和为未来准备的任务，在什么时间做什么选择。

当世界上只有一种选择时，就叫别无选择；当选项增多时，带来的不一定是喜悦，而是机会成本的选择焦虑。

“70后”和“80后”是经历过“知识改变命运”的一代，对无数普通家庭而言，孩子参加高考就拥有命运逆袭的可能，是唯一的出路，孩子除了努力学习别无选择。而对“90后”及“00后”而言，社会发展导致他们和上一代人的思想已经不同，网络普及程度高、科技更迭速度快、商机频现、社会上涌现出多种发展机会，有人快速抓住时代赋予的机会，利用个人所长，成功地完成了向上流动，实现了自我梦想。但当社会在父母面前打开机会的“菜谱”时，琳琅满目的选择反而增加了犹豫不决。

不同的选择就是不同的人生，纠结的背后其实是利益的评估

美国斯沃斯莫尔学院社会心理学教授巴里·施瓦茨认为，人们面对更多的选择时，反而不能做出一个明智的选择。对于一切都要选最好的人而言，做选择更是难上加难。

这个世界上有两种人，一种叫最大化者，另外一种叫满足者。最大化者是指永远试图寻找和接受最好结果的人。这类人容易面临后悔、机会成本和期望值上升及被其他人比下去的挫败感。他们总是期望给孩子挑选最好的学校、最好的班、最好的导师、最好的培训方案等，总是朝着最好的方向去努力，而当选择太多时，永远还有更好的现实让他们对自己的选择始终无法满意。

满足者有自己的标准，一旦达标就立刻收手。他们面对选择时，会以心中的标准作为参照，更容易做出选择，也更容易幸福。

在资源有限的情况下，为了避免盲目做决定，人们通常会通盘考虑，越是重大的选择，越是慎重。特别是对孩子的教育，面对未知的社会，在长达十多年间父母需要做出大大小小的各种选择，谁又知道哪个选择才是绝对的最佳答案呢。人生是单行线，没有回头路，对于要对孩子一生负责的父母而言，选择就变成了心理负担。

选公立学校还是私立学校好

横亘在父母面前的一道重要选择题是“选公立学校还是私立学校？”

这道选择题的背后，父母要考虑的因素实在太多。

我在给在银行工作的客户做教育分享时，正是全国各地陆续发布“公民同招”小升初政策的时期，政策变化打乱了很多家庭原有的择校计划。

家长A说：“选私立学校，私立学校老师管理严，让我很省心。”

家长B说：“我想选公立学校，对比公立学校和私立学校，教学水平都差不多，都要大量‘刷题’，我不想让孩子被‘刷题’限制思维。”

家长C说：“我坚决选公立学校，私立学校性价比不高，把学费省下来，可以用来给孩子补课或做其他的培养，效果也会很好。”

家长D很明确：“国内高考太辛苦了，没有必要让孩子这么累，我家孩子以后要出国，私立学校比较适合我的孩子。”

家长E是公立学校的忠实拥趸：“中国基础教育非常好，凭孩子的成绩在公立学校里也能考上好大学。私立学校费用昂贵，每年的择校费和补课费12年下来接近百万元，没有必要。”

父母想法不同，对孩子的教育规划和选择就不同。

政策是做教育选择的重要思考要素

什么是“公民同招”？2019年6月，国务院颁发的《关于深化教育教学改革全面提高义务教育质量的意见》明确提出：“严禁以各类考试、竞赛、培训成绩或证书证明等作为招生依据，不得以面试、评测等名义选拔学生。民办义务教育学校招生纳入审批地统一管理，与公办学校同步招生；对报名人数超过招生计划的，实行电脑随机录取。”

随后，北京、上海、杭州、南京、宁波、银川、西安、重庆、成都等城市教育部门陆续开始推进“公民同招”政策落地。

之所以引起父母的焦虑，是因为这一政策变化让择校选择变少。早期招生政策让学校在招生日期上有时间差，给部分家庭择校提供了操作空间，“保公冲私”策略对拥有资源优势的家庭有利。新政实施之后，从已经实行的城市来看，家庭要“公立或者私立二选一”，减少了部分家庭对优质资源的选择权。

选择公立学校还是私立学校，没有对错之分，这道选择题最终要看家庭的教育目标需求，不一样的目标导致不一样的选择。优质教育资源的稀缺，让好学校“一位难求”，供应关系不平衡之下的竞争，其实是家庭资源的比拼，是家庭多方面因素平衡考量后的结果，涉及家庭经济状况、资源分布、孩子特质、学校匹配度等多方面要素。除此之外，还有以下要素可以作为择校的参考：

1．学校教学理念；

2．学校教学质量（最近三年学校生源出入口数据）；

3．学校教学风格；

4．生源构成；

5．学校对学生的评估模式；

6．学校对教师持续培养的力度；

7．素质教育情况；

8．财务需求情况；

9．家庭需要配合的程度。

补课还是上兴趣班

父母不可回避的另外一道重要选择题是：给孩子选择兴趣班还是课外辅导？

时间对孩子来说是稀缺资源，将时间分配在兴趣上还是应试上，本质上是教育理念的分化。

教育目标对不同家庭的意义不同，孩子未来的选择范围影响着家庭教育时间的分配。经济基础决定上层建筑，“底层放弃教育，中产过度焦虑，上层不玩高考”，这句话道出了不同阶层家庭的教育选择。家庭资源是否充足决定了家庭能否给孩子更多试错机会，是否具有承担机会成本的实力。

纪录片《出路》记录了不同家庭背景的孩子在六年时间里的变化和成长，诠释了不同家庭对于“上兴趣班还是课外辅导班”的选择。

袁晗寒，有点散漫、有点才华的北京女孩。高中退学后并没有影响她继续画画、写诗，她还一时兴起去开过咖啡厅，随后又去德国念书。在她看来，生活就是做想做的事，这一切源于家庭经济可以支持她的选择，给她更多尝试的机会，这类家庭对孩子的培养更多关注兴趣，而不是课业。

而资源匮乏的家庭没有过多承担孩子试错的实力，在高考是唯一出路的情况下，人生轨迹是不容出错的，一切以升学为重，补课重于一切。

《出路》中的徐佳是湖北某中学高三的复读生，顶着全家人的希望，每天天不亮就从出租屋起床，坐在书本高高摞起的课桌边，投入题海大战中。在被寄托了全家命运的高考前，他别无选择，除了补课，其他一切都显得不重要。

教育的选择没有正确答案，每一个生命都在寻找自己的出路，看似是兴趣班或课外辅导班的选择，其实是精英教育、素质教育还是应试教育模式的选择，和家庭现状相关，是家庭对教育产出的计算及平衡结果。上兴趣班或课外辅导班的教育行为，在家庭的评估体系中会以“有用”和“无用”来区分价值，价值高则选择，反之则放弃。

无论是精英教育还是应试教育，对家庭的价值不一样，适合自己家庭的才是最好的。

不肯放弃的机会成本和不敢放弃的沉没成本

不肯放弃的机会成本

以下场景在全国各大城市非常常见。

背着硕大书包的学生，在周末出没于各大补习机构，他们行色匆匆地奔走在城市里，像上了发条一样不知疲倦，脑子里塞满了各种公式、算法和单词。

有的孩子热衷于参加各种比赛，无论是学科赛事还是被教育部门、国外机构认可的各类比赛；

有的孩子积极参加各种专项活动，无论是志愿者、科学研究、社会实践、还是学校组织的各种名目的活动；

有的家庭带孩子去国外大学校园参观，还会把申请参观的凭证留存下来，期望在申请大学时候，提升加分的可能性；

有位爸爸让孩子参加博物馆解说员的志愿者活动，在完成了一个馆的解说，拿到志愿者证书后就带孩子匆匆离开——他的目标很明确，以拿到博物馆解说员志愿者的证书为目标；

有的家长在陪同孩子补习时，帮孩子把上课的内容全程拍下来，回家和孩子一起复习，这些毕业多年的家长，从来没想到还有第二次全身心学习数理化的机会。

年复一年，日复一日，很多家庭不断重复以上的动作，有的家长在结束了“996”的工作后，还要加入这场教育持久战中来。

所有人如此努力的原因很简单，就是不愿意放弃孩子成长过程中可能出现的每一次机会，只有这样，孩子才有更大可能获得进入心仪学校的通行证。

机会是有成本的

机会成本是指你在做出选择后将损失的最大机会，你做出的选择价值不会随机会成本的改变而改变，但机会成本会随付出代价的改变而改变，被抛弃的选项孩子越喜爱或价值越高，成本就越高。

简单来说，你选择让孩子补课，孩子为补课而放弃的音乐就是机会成本，孩子音乐天赋越高，意味着损失的机会成本就越大。

未来的不确定性加剧了父母对机会的患得患失，在思考孩子教育问题时，会以“大概率”作为评估标准来做选择题。若考上好大学，未来“大概率”会成功，家庭就会选择对升学有帮助的补课或其他教育行动。

中国孩子相当不容易，优质大学资源如此稀缺，每年却有近千万个家庭参与其中，竞争的激烈程度可想而知，这是导致家庭不放弃追逐各种机会的重要原因。

机会争夺带来“剧场效应”

机会引发竞争，推动中国家庭疯狂补课、拼命追逐名校，导致教育的“剧场效应”越来越明显。

什么是“剧场效应”？我们来看这个循环就会非常清晰。

刚开始，孩子们学习成绩都差不多，老师认真教学、孩子们认真听课，成绩相差不太大。临近升学时，小甲同学的成绩有了较大提升，大家觉得很奇怪，经过多方打听发现，原来小甲妈妈给他报了补习班，确实效果很明显。其他家长于是纷纷给孩子报了补习班，一段时间后同学们的成绩都有所提升，形成了新的学习排名平衡。小甲妈妈一看，这样一来我家孩子哪里还有优势呢？于是又费心地给孩子报了更多的补习班，其他家长又纷纷跟进，最后，几乎全班的孩子都在疯狂补课，成绩排名情况又回到了最开始的状态。

这有什么区别呢？

最先补课的小甲在短时间内领先，享受了补课带来的先发优势，等大家都补课后，小甲的先发优势消失，大家的成绩差异又回到了最初的状态，只是所有的孩子都补课了，周末更忙了。

于是在中国大地上出现了一种奇观，大量的孩子参加补习班，而通过补课获得先发优势的家庭更不会主动退出，当“学霸”都在补课的“头羊效应”和大家都在补课的“从众效应”混杂在一起，裹挟着中国家庭从被迫“参战”到主动“迎战”。一场中国式教育的“剧场效应”蔓延到全国，推高了教育成本，最终成就了补课机构的盛宴。

教育领域的“剧场效应”，带来新的教育资源失衡，红利最终倒向拥有优势资源的一方，让教育从智力的比拼扩展到家庭资源的比拼，不仅“拼孩”，还“拼爹拼妈”。

机会成本让孩子周末比平时还忙

追逐更大的机会，让孩子每个周末异常忙碌，连每段碎片时间都被充分利用。在面对“你的孩子周末玩什么？”的问题时，来自“传说”中的“海淀妈妈”回答非常经典：“玩？哪里还有时间玩，所有时间段都是以分钟来计算，连补课转场的时间都不能浪费，用来背单词。”孩子的忙碌程度可见一斑。

周末，孩子们从学校“转战”不同的地方，继续进行着“没有硝烟的战争”。本该休息的周末，最后都变成孩子们拉开差距的最佳时间。

机会成本让孩子陷入疯狂的“刷题”

大量“刷题”是提分的重要因素——“刷题”百遍，题解自现。大量地“刷题”可以让孩子形成解题的条件反射，提升解题的速度和质量。

孩子从小到大要“刷”多少张卷子？杭州的小倪整理出从小学三年级到高中三年级做过的卷子，足足有91厘米高！

被北京大学医学部录取的王晓，整个高三用完300多根笔芯，按照一支笔芯大约能写1.7万字来计算，高三一年，王晓相当于写了510多万字。

一摞摞的卷子，一支支的空笔芯，是中国孩子努力学习和“刷题”的见证。

被疯狂追逐的名校

衡水中学家长的一句“避不开高考，就请闭上你的嘴”，道出了大部分家庭的无奈。

在高考的指挥棒下，无论教育部门如何引导家庭关注孩子的兴趣，如何加强对学校教学特色的宣传，无论专家学者如何呼吁家庭关注孩子综合素质的发展，只要高考制度不变，名校就是家长追逐的目标。

父母都有一套对名校的评估标准，升学率是评估的重中之重，对家长而言，“不管‘白猫黑猫’，帮助孩子考上好学校就是‘好猫’”。

由于公立学校资源有限，无法满足众多家庭对优质资源的渴望，各种私立学校应需而生，用钱就能获得优质资源，瞬间满足了某些阶层的需求。每个被升学率“认证”过的好学校都被家长疯狂地追逐着。在四川，至今还流传着家长为了把孩子送进一所一个月只放一天假的高中，不惜花费十八万元择校费的故事。

机会就那么多，谁占领了教育资源，就会影响对其他家庭的分配。不能不从、不敢不从，机会成本之下，教育洪流之中，父母的焦虑扑面而来。

不敢放弃的沉没成本

为了让小明能够顺利进入心仪的学校，妈妈给他报了一个比赛，目标很明确——拿到名次，获得名校录取资格。参加比赛之前要上一个5个月的培训班，学了3个月后，小明表达了不想继续学习的意愿。

然而比赛在即，孩子成绩也还可以，老师明确表示只要参赛就有可能会获奖。

如果选择放弃，可钱已经交了，时间也投入了，成绩也还可以，放弃会很可惜。

但选择坚持，小明表示不喜欢。

这下小明妈妈犯了难，该怎么选择呢？

让人深陷其中的沉没成本

让小明妈妈做出艰难选择的背后，隐藏着一个经济学概念：沉没成本。

2001年诺贝尔经济学奖得主、哥伦比亚大学斯蒂格利茨教授在《经济学》一书中说：“如果一项开支已经付出，并且不管做出何种选择都不能收回，一个理性的人就会忽略它。这类支出称为沉没成本。”

沉没成本涵盖了时间、金钱、精力等付出。人们在决定是否去做一件事情的时候，不仅是看这件事对自己有没有好处，也要看过去是不是在这件事情上有过投入。

“来都来了。”

“学都学了。”

“钱都花了。”

“浪费了太可惜了。”

“都等这么久了，也不差这几分钟。” 这些在生活中常见的对话后面就是沉没成本，很多人会不知不觉地陷入沉没成本的怪圈。

1985年，心理学教授亚科斯和布拉默做了一个实验。他们先让人们花100美元买了一种滑雪旅行的票。几天后又以更有趣、更便宜为由，让同一批人花50美元买了另一种滑雪旅行的票。之后教授告诉他们：“这两次滑雪之旅的时间撞到了一起，你们只能选一个。”

结果是多数人选择了票价更高的方案，他们的解释是：选100美元方案，只损失了50美元。如果选50美元方案，则会损失100美元。

人们都有“损失憎恶”，对损失的感受比对获得的感受强烈2倍以上，损失的痛苦远远大于获得带来的喜悦，换一句通俗的话说，就是也许还有机会，但人们更在意的是损失。

当人意识到已经遭受了损失时，下一步的损失对人的心理反而不会造成更大的波动了——反正（钱）都已经花了，再多花一些也没有关系。

日常生活中常见的深陷沉没成本的案例：

小刘准备买的衣服是88元，当她看到商家正在做“满100元送10元代金券”的活动时，想着都已经付出了88元，多花12元还可以优惠，于是又多买一些东西，凑够了100元。

赵亮做着一份不喜欢的工作，一直犹豫着要不要换工作，在权衡了人脉关系、积累的经验、投入的时间后，他最终还是选择继续做不喜欢的工作。

小丽高三那年，为了能考上985或211大学，听从志愿填报专家的建议，选择了服从专业调剂，最后被录取到某985大学的冷门专业，她非常不喜欢，大学四年来一直在寻找转专业的机会，但转专业难度很大，她又想着都已经在该专业学习了一段时间，放弃就可惜了，于是就这么纠结地度过了四年，最终，她选择通过考研来换专业。

面对沉没成本，是及时止损还是坚持到底？

人生的很多悲剧，都来自面对选择时的犹豫不决。

有种大智慧叫作及时止损，有种坚持叫作心有不甘。面对错误，只有及时止损，才能重获生机，盲目地坚持将带来更大的损失。

巴菲特投资最重要的经验是及时止损，他知道决策时如果过多考虑沉没成本，就容易失误。

在孩子行为的培养上是及时止损还是坚持到底，要看目前的教育行为是否符合培养孩子的战略方向，而不是看已投入多少金钱和精力。符合教育战略可以继续选择坚持，不符合要及时止损。

对小明妈妈来说，现状是已经投入了时间和金钱，最终是否坚持让小明继续学习，要看参加竞赛是否在家庭教育的长期策略方向上。想清楚这一点，就容易做出正确决策。

第二章

规划——家庭教育的战略指导

家庭教育的战略和战术

很多人看到战略两个字，会觉得很复杂，因为动脑比动手更难。

但请你不要错过这一篇，因为战略比战术更重要，一旦教育战略确定，你将告别逼着孩子苦学笨学的战术策略。

美国著名前总统林肯曾说：“预测未来最好的方法就是去创造未来。”

在面对孩子教育的选择上，父母通常会用自己对成功经验的认知作为指导思想，而忽略当年成功所依靠的社会环境已发生变化，随着社会环境的变化，成功的要素及经验也在发生变化。家庭教育战略应厘清现在及未来社会的需求，从以终为始的角度思考如何培养孩子适应未来社会发展的底层操作系统，明确家庭培养目标，掌握培养节奏，有条不紊地进行培养。

父母高质量的思考，让孩子告别低质量的忙碌

在同样年度工作量的情况下，请从下面三个人中选择一位做你的上级。

上级A，整理了一份年度工作计划给你，上面明确了年度工作任务的分配和推进进度，虽然工作量很大，但安排得井井有条，让你觉得忙中有序 。同时，你可根据任务进度来安排你的工作节奏，减少了无效工作。

上级B，没有和你沟通年度目标，只是每月给你下达任务，但任务安排得有条有理，虽然你不太了解领导到底要做什么，但还是能够按进度来推进工作，时不时会需要加班。

上级C，什么都没跟你说，每次都是事到临头才找你来做，搞得你手忙脚乱，扰乱了你正常的工作安排。由于前期沟通不顺畅，导致你中途做了很多无效工作，既费时又费力。尽管你很努力，但年终结果却不尽如人意，最后领导还归责于你。

如果给你选择权，你会选择哪个领导?

毫无疑问，你愿意选择A，否则“一将无能，累死三军”。同理，如果让孩子选择父母，哪种父母会更受青睐呢?

教育学家苏霍姆林斯基说：父亲和母亲是最好的老师，孩子的智慧在他还未降生到人间之前，就从父母的根上伸展出来。

父母就是孩子的起跑线，是孩子人生长跑的领跑员，要为孩子设计长跑的战略，快跑、慢跑还是匀速跑，设计能让孩子轻松愉悦地跑完“人生马拉松”的方案。孩子就是白纸，成为名画还是成为涂鸦，画家很关键，

画家心中有构图，手中才好下笔。做战略就是做正确的事情，如长跑的节奏设计，如绘画的布局构思，从全局出发，减少时间、资源和精力的浪费；战术就是正确地做事，是在整体框架下的具体执行，确保全局效果。

假如你不想由别人来安排孩子的未来，就要用开阔的视野、敏锐的大脑去收集和分析更多的信息，通过深度思考做出更高质量的战略决策。

父母思考的质量决定了孩子的未来行动效能，高质量思考的父母更关注孩子本身，会投入更多时间了解世界的变化，做好应对方案。他们会主动迎接变化，看到变化中蕴藏的机会，并愿意帮助孩子抓住机会；他们会充分了解孩子的个性、爱好、特长、优势，做到扬长避短；他们会选择陪孩子一起慢慢成长，也让自己成长，并且用自己的成长去推动孩子的成长；他们会让孩子明白人生除了学习之外，还有生活；他们会鼓励孩子多尝试新的机会，成为有思想的独立个体，拒绝成为教育流水线上的标准产品。

父母越是能够高质量地思考，越是有余力为孩子的未来做准备。父母的格局不同，思考的质量也不同。

高质量的思考让家庭教育目标更清晰，做选择时更有导向性。清晰的教育目标能让父母能抵御各种诱惑，避免局限于管窥思维和“剧场效应”中，让孩子摆脱瞎忙的局面。

无论社会有多不确定，发展有多快，如果家庭教育有战略规划，你就可以在这纷乱复杂的世界中找到有效的方法来解决教育问题。

寻找解决办法可以分为四个步骤：确定目标，找到最有效的方法，发

现适用这个方法的新技术，同时最有效地利用现有的技术，不管它是复杂的药物，还是最简单的蚊帐。

——比尔·盖茨

战略比战术更重要，高质量的思考能让孩子摆脱低质量的忙碌，别用战术上的勤奋来掩饰你战略上的懒惰，因为结果不会陪父母“演戏”。

有战略规划的人生是蓝图，没有战略规划的人生是拼图。在正确的方向上做正确的事，孩子走的每一步才算数。

给孩子做规划的好处

找到正确的方向，让孩子跟上这个高速运转的世界

在你喝茶的时候，2020年的世界正在发生变化：

在德国，工业巨头蒂森克虏伯在2月27日决定把电梯业务以172亿欧元售给安宏资本。

在美国，美股在2月29日创2008年金融危机以来的最差一周表现。

在美国，工业集团霍尼韦尔在3月3日宣布，计划在三个月内推出用于商用实验的一款处于早期阶段的量子计算机。

在法国，华为公司3月6日在法国的第一家旗舰店在巴黎揭幕。

在中国，刘峰正在纠结让孩子先做语文作业还是先做数学作业，还是让孩子休息一下。

在家里，你喝着茶，思考下周要不要给孩子重新做一份教育计划。

这是一个迅猛变化的世界，每时每刻的微小改变都可能给生活带来无法预估的影响。从第一台计算机诞生到互联网发明，不过44年；从门户网站到电子商务的崛起，不过5年；一期《纽约时报》包含的信息比17世纪一个人一生获得的信息还多，知识更新的速度比以往任何时代都快。

面对高速运转的社会，没有人能真正预测世界的发展；在给孩子做规划时，更没有人能称得上专家。别把孩子的发展和幸福寄希望于他人，因为他人完全不了解你的孩子及你的家庭资源，也不用对你孩子的未来负责。只有父母才会对孩子的每一步选择反复斟酌，慎而又慎。

也许你会说，应该由专业的人做专业的事。请相信，在孩子的教育上，没有人比你更懂你的孩子，你需要做的就是了解世界、掌握方法和工具。

为孩子创造美好未来的渴望，将推着你去正视这无时无刻不在变化的世界，当你把眼界从家里转向社会，认真地思考未来，尝试着从未来的角度推演现在要采取的行动，你会发现很多事情比你想象得更容易。

你对未来的思考越深入，内心就会越坚定，越会对外部诱惑产生免疫力。早做规划，留给家庭培养的时间越充足，孩子今后的选择余地越大，可有效降低后期调整赛道的成本。早做规划，孩子的底层操作系统准备得越充分，对接社会的全新操作系统时会更自如。

战略就是指南针，手握指南针就不会迷路。走再多的岔路都会被指南针指引回正确的道路上。战术就是地图，帮你找到最优路径，到达目的地。世界上最快的路，是你给孩子准备得最充分的那条路。图2-1清晰地表明了指南针和地图的关系。

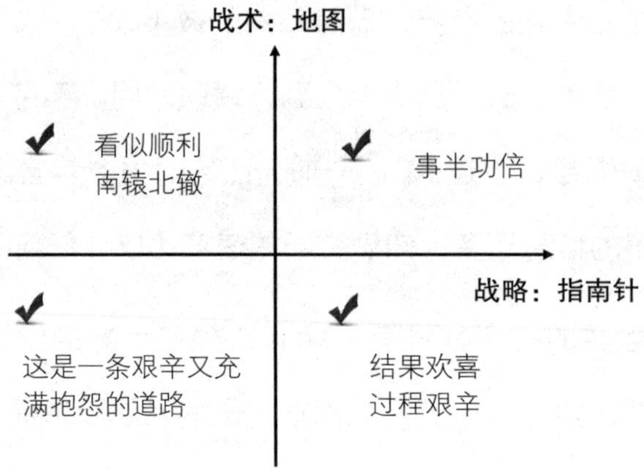

图2-1　规划战略和战术对教育的影响

找到正确的方法

有没有一种标准的教育方法可以让父母学习？答案是“没有。”

“虎妈”蔡美儿是耶鲁法学院教授，有两个混血女儿。2011 年初，她的自传式作品《虎妈战歌》让她一夜之间火遍全美。这本书连续数月位居美国畅销书榜首，引得无数专家争论不休。

《华尔街日报》评价道“上一次引发如此大规模的讨论，还是苏联抢在美国之前发射第一颗人造卫星的时候。”

“虎妈”引发巨大关注是因为她具有争议性的教育方法，通过辱骂、恐吓等高压手段强迫孩子，逼着她们朝预定方向前进。严苛程度通过她给孩子定下的十条家规可见一斑：

1．不准夜不归宿；

2．不准参加学校的小组娱乐活动；

3．不准参加校园演出；

4．不准抱怨没有参加校园演出；

5．不准看电视或玩电子游戏；

6．不准擅自选择自己喜欢的课外活动；

7．不准有任何一门科目的成绩低于A；

8．除了体育与话剧，其他科目不准不拿第一；

9．不准练习钢琴及小提琴以外的乐器；

10．不准在某一天不练习钢琴及小提琴。

在如此具有争议的教育方法之下培养出来的孩子，会是什么样呢？孩子是否有心理疾病，是否因此使母女关系破裂呢？

在学业方面，两个女儿先后被哈佛大学录取，取得了传统意义上的学业成功。

在亲子关系方面，《纽约邮报》曾发表女儿Sophia写给母亲的信，又对女儿Lulu进行了专访。从孩子的话语中，能感受到她们对母亲的感激与爱意。

在孩子的心理健康方面，女儿们聪明开朗、努力认真，大学生活过得多姿多彩，时常在各种聚会上现身。

她们是这样评价家庭教育的：看似严苛，但远没有传言中那么“变态”到令人发指。现实中的蔡美儿“宽严并济”，虽然在学业和练琴上步步紧逼，但时常会带孩子出去旅游。善于讲笑话的她，浑身上下都散发着幽默感。

人们的关注重点在于她的高压方法，而忽略了“虎妈”的自白：**“我希望将中式教育精髓引入宽松的西式家庭教育，让两种方式应达到一种理想的平衡，唯有如此，孩子才会长成我们期待的模样。”**

无论是“虎妈”“猫妈”还是“鹰爸”“羊爸”式的教育，都存在各种争议吗，因父母的能力有差别，家庭教育目标有差别，每家采用的方法必然不同。有的家庭期望通过教育改善生活，有的期望通过教育让孩子改变阶层，有的期望通过教育让孩子实现自我价值。“子非鱼，焉知鱼之乐”，选择素质教育还是应试教育是由家庭状况决定的，鞋子合不合脚，只有自己知道。

所谓教育，适合你家孩子的才是最好的，只有你才知道要培养什么样的孩子，哪种教育方式能够帮助你实现。

找到孩子学习内驱力的来源

有一段传播很广的小视频传递出孩子的心声，有个8岁男孩不以为然地说：“我是为我妈学习的。”

不是孩子不努力，是他实在不明白辛辛苦苦地早起、做作业到很晚到底为了什么？

做不喜欢的事情度日如年，做喜欢的事情时光如梭，爱玩是孩子的天性，学习本来就不是轻松的事情，让天性活泼爱动的孩子耐着性子努力学习，需要给他足够的理由，这个理由就是孩子努力的动力。

美国斯坦福大学心理学系教授威廉·戴蒙调查发现：即使是普通家庭的孩子，如果目的特别清晰，他们在成长过程中会成为非常主动的学习者，表现出惊人的正向能量。

他在著作《迈向目的之路》中强调：目的是驱动我们每天大部分行为背后的一个动机。而厘清为什么学习，要能清楚地回答为什么我正在做这件事，为什么这件事很重要，为什么它对我和我以外的世界都很重要。

在针对全美国12~22岁的年轻人做的大型调查与深度访谈里，他发现年轻人可以分成四类（见表2-1）。

表2-1　四类年轻人

类　型	特　征	占　比
疏离者	这类人没有采取任何行动去追求有意义的人生。有人冷漠且疏离，有人则把兴趣局限在追求个人的享乐或虚荣之上，对自己以外的事情不太关心	25%
空想者	这类人通常拥有一些充满想象的梦想，也常幻想自己会对世界做出伟大的贡献。但他们几乎没有采取任何行动将自己的想法付诸实施	25%
半吊子	这类人兴趣广泛，参与很多活动，经常从一个活动跳到另一个活动，但不知道这些活动跟他期望完成的事情有什么关联。兴趣多且短暂，无法拥有一个持久的目的	31%
有目的感者	已经发现一些有意义的活动，并热爱这些活动。他们对兴趣持续时间较长，清楚知道自己想要完成的事情，以及为什么这么做	19%

是什么造成了人与人之间的不同？

戴蒙认为今天年轻人心里所缺乏的是动机的来源，摧毁了人生快乐与满足的基础。

目的可影响人的一生，它不只赋予人生意义与快乐，还会赋予学习与追求成就的动机；在顺境时能带给人喜悦，在逆境中又能转变为触底反弹的勇气。

制订家庭教育规划，至少能帮你的孩子超过81%的同龄人，这已经是一个惊人的数据了。

普通孩子+微小动机=梦想的力量

规划能帮助孩子找到梦想，产生行动内驱力。

家庭教育规划三问

第一问　我要培养什么样的孩子？

当看到这个问题时，父母们提及频率最高的词是：幸福、健康、快乐、独立、自信、坚强、事业有成、积极、努力、奋进、家庭幸福、财务自由、有竞争能力等，我相信，你脑海里瞬间也会涌现各种形容美好生活的词语。

这是一个梳理教育目标初心的游戏。游戏刚开始的时候，参加游戏的父母会写下许多词语，舐犊之情一览无余。接下来，我让父母们依次划去不是最重要的词语，随着划去的词语越来越多，氛围逐渐凝重起来，越到后面淘汰越难，当最后只能剩下三个关键词的时候，父母们非常犹豫，迟迟无法下笔，有的父母甚至在淘汰词语的过程中忍不住哭出来。

这是艰难的选择，从数十个美好愿望到只能剩下最后三个的选择过程，是做人生减法的过程，也是逐步寻找教育初心的过程，整个过程促使父母思考“我到底要培养什么样的孩子”的问题。

最终，很多父母保留的核心关键词是“幸福”，简单词语的背后承载着家庭厚重的祝福。唯愿孩子一生幸福，是父母最大的心愿。

当你面临教育目标迷失时，需要不断审视当年的教育初心，帮你回归原点，保证教育行为始终在规划战略的方向上。

第二问　我该选用什么样的教育方式?

教育方法千万条，符合孩子成长规律应列为第一条。

别用教火鸡的方法教猴子，世界上从来没有最好的教育方法，只有最合适的。

孩子的成长都有自己的规律，每个成长周期该做什么就做什么——在该玩耍的时候玩耍，在该学习的时候学习，抢跑或者延迟都容易带来问题。

2018年度上海市初中生学业质量“绿色指标”的评价调查涵盖了上海645所公办和民办初中的62 591名九年级学生、1 140名校长（含分管教学的副校长）、12 152名教师及相关学生家长。调查显示：孩子们参加语、数、外三门学科的课外补习班，对学习成绩的提升作用分别只有0.6%、2.0%、2.2%。

在德国，政府在50年前进行了一次大规模的比较试验，各选取了50个以游戏为主和以教授知识为主的幼儿园。结果发现：孩子提前学习的优势最多保持到四年级，从四年级开始，提前学习的孩子成绩会出现直线下滑，特别是在阅读和数学方面会有明显的劣势，且在社交和情感方面不如同龄的孩子。这个大规模实验的结果让德国政府紧急叫停了学前教育改革计划。

在美国，心理学家研究了343个孩子后有同样发现：在四年级前，上过以教授知识为主的幼儿园的孩子有明显的优势，但在四年级后就出现了严重的成绩滑坡，导致他们在社会以及情感方面的发展都比同龄人差。

1967年，美国心理学家大卫·韦格特跟踪了美国密歇根州伊普西兰蒂地区68个高度贫困的孩子。孩子们被分配在三种不同类型的幼儿园：

A．传统型：不提前授课，以游戏为主；

B．混合型：有一套成熟的教育理念，孩子会在课堂中做作业；

C．学科教授型：老师直接教学，有很多的作业，并且有考试。

结果显示：抢跑的影响与德国和美国其他心理学家的研究一致。C组孩子在四年级之前比A、B组有明显的优势，随着时间的推移，抢跑优势开始消失。在他们15岁和23岁时的调查发现，已经无法区分这三组孩子之间学业的成就。而在社交和情感能力上，15岁时，C组的孩子比其他两组孩子有更加明显的叛逆行为；在23岁的时候，C组孩子比其他两组孩子与同龄人有更多的摩擦，更容易受挫和受到情感的伤害。

以上实验显示，抢跑的优势只能保持到孩子四年级左右，但后期的伤害却会影响深远。

结合教育目标选择匹配的教育模式

“虎妈”不同寻常的教育方法，是基于她清楚想要培养什么样的孩子，再结合她的家庭情况及能力，采用兼顾中西方理念的教育方式。

世界上有很多教育方法，共同的特征都是教育家在吸取他人经验后将教育方法改造成适合自己孩子的。

卡尔威特认为孩子的教育必须和智力开发同时开始，他创造的天才教育法把自己智力有缺陷的孩子培养成了一个天才。

斯特娜根据孩子自身的习性，用自然的方法教育孩子，通过对孩子进行科学、品德、性情等方面的教育，让孩子接触自然，爱自然，从自然中获得灵感，探索、发现、感受自然界的一切，成长为一个健康、快乐、积极向上的人，收获知识，也拥有健全的人格。

蒙台梭利认为要给孩子提供发展机会和环境，用科学的方法研究出人类成长的过程、规律和法则，用科学的教育方法使孩子奠定智能的良好基础，挖掘儿童的潜能。

看了这么多，你会选择什么样的教育方法呢？是天才教育还是普通人的教育；是严苛的还是和善的；是精英的还是应试的——回归你的教育初心，再根据孩子不同阶段的心理和生理特征，来选择匹配你家孩子成长规律的教育方法，或者去创造你独有的教育模式吧。

第三问　什么时候给孩子做规划？

阿武，一个28岁的“海归”，工科男，现在一家世界500强企业做质量经理。最近阿武很苦恼，他喜欢和人打交道，喜欢尝试新的事物，可现在的工作枯燥乏味，循规蹈矩。他很享受这份工作带来的收入和社会地位，又期望做自己喜欢的教育领域的工作，可还没有为新领域做好准备。如果转换职业赛道，就要从头开始。

当年考大学的时候，父母认为工科好就业，劝说他放弃了喜欢的教育学专业。上班后他一直在制造业工作，让他心里矛盾的是，他喜欢和人打交道，却又害怕做销售工作，做培训他又不敢上台。慢慢过去了几年，如果放弃现在的行业资源和薪酬，他又觉得很可惜。总之，舍不得现在的工作，又想做自己喜欢做的事情，一时间阿武陷入职业发展的维谷中，进退两难。

迷茫的青年，源于迷茫的青少年

阿武面临着机会成本和沉没成本带来的苦恼。他当年选择工科而放弃教育学专业，教育学专业就是被放弃的最大机会成本；上学的时间和几年的工作经验又是桎梏他的沉没成本。

阿武，只是诸多处于职业发展迷茫中的青年一员，这个社会还有很多“阿武”。

多少年轻人都是在迷茫中前行，被现实拖着往前走，在近20年的寒窗苦读后，又迎来了新的迷茫。

李悦，毕业于中国人民大学，大家羡慕李悦妈妈终于可以放手了，她却面带忧愁地说：“孩子在家待了一年多，不想上班，问他想做什么，他也不知道，就耽搁下来了。”她后悔地说：“小时候只知道让他好好读书，没想过培养其他的能力，他性格又很内向，读完大学回来发现没适合的工作，只好去考公务员，结果笔试过了，面试没过。一来二去的，就家里待了一年，如果实在不行，就让他考研究生吧。”

青年时期的职业迷失，是父母在孩子青少年时期缺乏规划而带来的问题。

到底有多少孩子不知道未来要做什么？

根据教育部教育发展研究中心一项针对初三和高三学生的调研显示：高三学生对高考志愿专业了解程度为“一小部分”和“全不了解”的比例为75.2%，初三学生中只有11.4%的城市学生和7.1%的县镇学生认为自己可以从容就业。高中生对所选专业与学校的了解程度：“非常了解”为2.1%，“完全不了解”为10%，“比较了解”为26.8%，“不太了解”为35.5%，“说不清楚”为25.6%。

这个结果从北京大学的新生调查数据中也得到了印证。

徐凯文，北京大学副教授、临床心理学博士、精神科主治医师、北京大学心理健康教育与咨询中心副主任、总督导。

他给北大的大一年新生所做的调研显示：有30.4%的学生厌恶学习，或者认为学习没有意义；还有40.4%的学生认为活着的人生没有意义，现在活着只是按照别人的安排活下去而已；其中最极端的情况就是选择放弃自己。

数据让人感到震惊，每个北大学子都是高考战场上从千军万马中胜出的赢家，单从考试成绩的角度来看，家庭教育都是成功的，可为什么成绩优秀的孩子同样对未来感到迷茫呢?

孩子在大学、高中感到迷茫，意味着在小学和初中时家庭教育中的规划教育有缺失。孩子到底应该什么时候开始做规划、家长要做什么才能让孩子在高中、大学及社会生活中有清晰的愿景呢?

什么时候都不算晚，但是越早越好

诺贝尔经济学奖得主詹姆斯·赫克曼教授认为，孩子的早期教育，从出生到五岁期间的培养和发展对成年后的社会状态会产生极大影响。影响一个人的人生轨迹的最佳时间是在3岁之前，这时候大脑仍在发育中，可塑性较强。相比在成年后再对其进行培训，早期投资是最有效率和成本最低的。

可见，培养是越早越好。

中国的规划教育起步较晚，在应试教育的压力下，学校和家庭对孩子的规划教育意识淡薄，使孩子对社会认知匮乏，更无从谈自己的喜好和社会需求的结合。中国如此，世界各国对孩子的规划教育又是怎么做的呢?

美国：职业教育从6岁开始。

美国《国家职业发展指导方针》提倡职业教育从六岁开始，规定要求孩子学会对自己的兴趣、专长、特点、能力等进行自我认识。要进行“教育与职业关系的探索”，研究教育与职业的关系，了解职业信息的获得和使用、工作与学习的关系、工作与社会的关系等。

新加坡：从小学开始明确方向。

新加坡“教育与职业生涯规划”网络系统的实验计划，帮助小学生开展职业规划。通过有趣的互动游戏、角色扮演和一连串问题，让小学生进一步了解自己的兴趣与专长，提早开展职业规划， 做好初高中的分流。

加拿大：从小学开始了解职业。

加拿大从小学到中学，学校都会安排不同的“职业日”邀请学生家长或社会人士到班上做职业介绍，让孩子从小立下职业目标，指导孩子在高中阶段的选课。中学阶段还提供丰富的选修课，让学生参加相关的课外活动等，拓展个人兴趣爱好。大部分学校还设立专职的学生顾问，为学生在读期间或高中毕业后的各种选择、困惑提供咨询帮助。

日本：职业规划从小学开始。

日本在各个阶段的学校开始进行“职业生涯”观念和准备的教育。从2006年开始，日本的《高中学习指导要领》就扩大职业课程的选修科目，同时为普通高中和职业高中提供职业教育课程所必要的设备、实习与实验经费。

规划缺失，会让孩子面临什么问题

如果孩子的知识、能力和社会脱节，会面临什么样的问题?

20世纪70年代，美国出现大规模的结构性失业，失业人数急剧增加，社会问题接踵而至。

结构性失业是指经济产业的每次变动都要求劳动力的供应能力迅速适应变动，但劳动力市场的结构特征却因与社会对劳动力需求不吻合而导致失业。

在社会快速发展的情况下，产业不断升级，岗位需求变化引起人才结构的不断更迭，被淘汰的人不能适应新岗位的现象比比皆是。例如，人工智能技术的发展，在逐步淘汰一些重复性的工作，新产业对就业人员的知识结构和能力有了新需求，导致失业人员和新岗位之间不匹配，无法实现就业。或者学生在入学时所学的专业在毕业时社会需求已经发生变化，导致毕业生找不到对口工作，或者做着一份“上班如上坟”“可做可不做”的工作，在迟疑中消耗时日，在时日中日渐消沉，从鲜衣怒马的青年人到暮霭沉沉的中年人，间或有奋起的梦想，却被沉没成本死死抓住，动弹不得。当回首往事时，一脸遗憾。

孩子应从什么时候做职业规划准备?

近年来，在国家的要求下，各地方学校才开始进行职业规划的引导，但起步时间比较晚。而且规划主要集中在高中和大学阶段，多为选专业和就业的规划。

很多人认为孩子还小，不了解职业和社会的相关知识，但从各国的教育情况综合来看，职业规划引导从6岁就可以开始。

我曾在一所初中学校开展“名企进校”及职业体验的系列活动，活动持续了整整两年。以每月邀请知名企业人士到学校分享、寒暑假组织学生参加真实职业体验活动的方式展开，通过该校对学生持续的跟进发现通过系列规划活动，该校学生普遍有了规划意识，对社会和未来有了更清晰的了解。

我在一所知名小学给150名11岁的孩子做分享时，他们完全能够通过分享的案例理解社会的变化，能够建立科技和能力需求的内在联系，甚至能够展开对未来职业的联想，对这些还没有步入社会的孩子来说，理解完全没有障碍。

规划不仅是对未来职业的思考和引导，还影响着性格和能力的培养。根据孩子的发展规律，家庭给孩子做规划的时间节点详见图2-2。

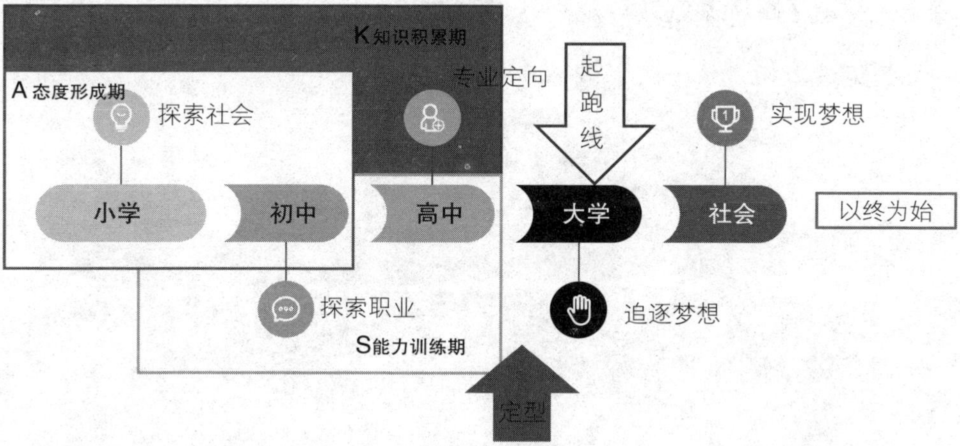

图2-2　家庭规划时间节点一览

家庭教育规划不单纯是教育领域的问题，还涉及经济学、行为学、管理学、心理学等领域知识体系的交叉应用。人们的选择都受经济因素的影响：衣食住行、结婚生子、择业就业、培养兴趣爱好等，选择哪种教育方式，什么时候开始培养等一系列教育培养行动，家庭都会从经济学的角度来进行思考和评估。

教育不应该是“流水线工厂”，有的孩子喜欢语言，有的孩子喜欢数学，还有的孩子喜欢音乐，不一而同，孩子的培养须在保持教育共性的情况下彰显个性特征。父母是教育的重要参与者，即便无力改变教育体制，却有能力给孩子不同的选择。

在这个互联网时代，不同的孩子应有更多个性化的培养方式，教育不仅可以改变命运，也可以点燃孩子内在的学习和探究热情，教育最终是培养孩子应对未来和终身幸福的能力。

时代变革已经到来，与其被动忍受变化，不如欣然接受变化。社会给每个人都留了路，家庭教育规划就是帮助孩子找到现在和未来之间最有利的那条路。

第二篇

家庭教育战术篇

第三章

家庭教育平衡规划模型

有个富翁到海边度假，见一个渔夫正躺在沙滩上晒太阳，便问："这么好的天气为什么不去打鱼？"渔夫说："今天的鱼已经打够，现在要休息。"富翁很不解："天气这么好，你应该打更多的鱼，以后可以买更好的船，赚更多的钱！"渔夫问："那又怎么样呢？"富翁说："那你就可以雇人出海，自己不用再出海，只需舒服地躺着晒太阳就好啦！"渔夫说："可是，我现在不正躺着舒服地晒太阳吗？"

渔夫和富翁看似都在晒太阳，但富翁有多种选择，可以选择在不同的海边晒太阳，也可以选择其他方式休闲娱乐，比较自由。渔夫的选择却很有限，晒太阳必须在当天打够鱼之后才能享有，生活状态是手停口就得停。在这种情况下，如果遇到持续恶劣的天气，储备就不足，就要在其他日子更加努力来补齐缺口，自由度受限。两者对比，虽然当时两个人都在享受阳光，实际上背后生活的自由度却不同。

谁不向往自由自在的生活？世界上最大的自由不是想做什么就做什

么，而是不想做什么就不做什么。

如何让孩子在未来拥有更多选择的自由？从给孩子起一个富有寓意的名字开始，你就在思考这个问题。孩子在家里的日子是和风细雨，而外面的世界可能是暴风骤雨，但孩子总有走出家门的一天，届时各种竞争纷沓而至，孩子将面临升学、就业甚至情感等方面的竞争。有些家长选择仍然把孩子护在身后，帮他抵御所有风雨，但有规划的家长会选择让孩子自己心怀善意、身披铠甲、手握利器，掌握生活的主动权，独立面对世界。

人生从来不是一帆风顺的，要让孩子具备抵御风险的能力

人生就是一场康波（经济增长过程中长的波动）。人在一生中，会遇到经济周期的不同阶段：繁荣、衰退、萧条、复苏。经济周期与人的发展之间存在强关联。在周期上行阶段，有天分、有能力又有实力的人能够抓住机会，快速实现梦想，普通人也可借此阶段获得更多机会。站在风口上，谁能借势，谁就会一飞冲天。正如在互联网的快速发展时期，计算机或相关专业的人能够比其他专业的人获得更多的高薪机会；在城市化进程中，建筑、地产行业的蓬勃发展，让行业人员收入水涨船高。遇上风口的人，离自由会更近。

在周期下行阶段，企业力求自保，势必会考虑人员调整问题。以我曾供职的公司为例，只要财务报表触达经营红线，企业首先考虑的就是裁员。通常裁员的标准是性价比低，或者可以外包的岗位。在周期下行阶段，让自己生存下来的能力极为关键，活下来才有逆风上扬的机会。

备豫不虞，面对康波，你要站在顺风处，眼睛紧紧盯住远方，预测远

处看似遥远的风险，用高质量的战略思考优化你的决策，培养孩子抵御经济周期下行阶段风险的能力，和面对经济上行期时抓住机会的能力。

所有的准备都是等待机会的出现

人生处处是机会，让孩子拥有抓住机会的能力。人生会有若干次大的机会，只要抓住一次就足够了。所谓机会，就是社会恰好需要，而你恰好已准备好。

机会对环境、平台、时机、能力的要求极其严苛。当经济周期处于上行阶段时，对国家、企业和个人都是机会的集中爆发期。今日的中国，正处于一个大有可为的机遇期，每个人都有遇到机遇的可能，父母要把握住这个有利时期，培养孩子的能力，让他获得长远发展。

心态决定人生状态

乐观者在灾祸中看到机会；悲观者在机会中看到灾祸。

人生是一天天累积的成果，开心是一天，悲伤也是一天；岁月静好是一生，波澜壮阔也是一生。孩子要有能力选择自己想过的一生，也要具备良好的心态去面对人生。“生活不仅有眼前的苟且，还有诗和远方。”所有的努力，就是为了让孩子勇于面对困境、敢于抓住机会，在未来拥有更多选择的权利，过上向往的生活。

心理学家阿尔弗雷德·阿德勒曾说过：“我们的烦恼和痛苦都不是因为事情本身，而是因为我们加在这些事情上的观念。”心态不好的人，永远都是命运的囚徒；心态良好的人，能从一地鸡毛的生活中体味出人世真情。你若积极，纵使脚下荆棘满布，也能从荒芜中走向繁华。

生活就是不断平衡心态的过程，你可以选择迎难而上，也可以选择闲庭信步。

家庭教育平衡规划模型

“其作始也简，其将毕也必巨。”从长远来看，平衡人生需要兼顾四个要素（见图3-1）。

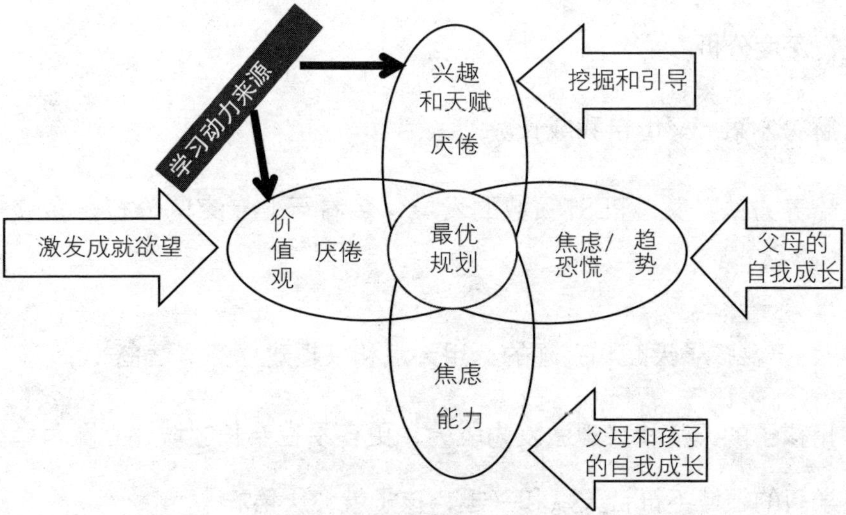

图3-1　家庭教育平衡规划模型

1．符合发展趋势的：规划指南针

顺势而为，谋时而动，乘势而上，方向重于行动。如果行动不符合趋势，就会让人感到焦虑。

打败孩子的往往不是其他孩子，对手可能出乎你的意料。

近年来，国际四大会计师事务所之一的德勤与 Kira Systems 联手，将人工智能引入会计、税务、审计等工作当中，这一科技创新将帮助员工从阅读合同和其他文件的乏味工作中解放出来。一个财务机器人可以顶替15个财务人员的工作，还可以每天不间断地工作。财务机器人的运用，对会计和审计人员有替代冲击的风险。

在这种情况下，你是否还会让孩子学习这类专业？

父母思考题：哪些领域是未来的发展趋势？

思考方向：关注PEST领域（政治、经济、社会、科技），用5层分析法进行深度分析。

解决方案：父母自我成长。

培养方法：关注PEST领域的发展，多看行业专家的分析，多读相关书籍。

2．符合孩子天赋和兴趣的：用天赋和兴趣建立竞争壁垒

用孩子的天赋和兴趣激发内驱力，更容易在专长领域建立竞争壁垒。如果学习的领域不符合天赋和兴趣，孩子就会厌倦。

父母思考题：孩子有哪些天赋和兴趣？

思考方向：关注多元智力模型。

解决方案：父母不断挖掘和引导孩子的天赋和兴趣。

培养方法：通过尝试—聚焦—定向—精进四个步骤来挖掘孩子发展方向。10岁前让孩子多尝试，观察孩子的天赋和兴趣，然后逐步聚焦，选择孩子最具天赋的方向定向发展。

孩子做喜欢还是不喜欢的事情，学习的动力完全不一样。

3．符合价值观的：志同道合是幸福的来源

当孩子做符合自己价值观的事情时，就会激情满怀，否则，就会产生厌恶。

做不符合自己价值观的事情，犹如“佛系”的人遇到“狼性”文化的组织，爱创新的人遇到循规蹈矩的群体，积极向上的人遇到消极的人，不仅格格不入，而且备受煎熬。

父母思考题：孩子要具备什么样的三观（人生观、价值观、世界观）？

思考方向：写下期望孩子具备的三观，和另一半讨论并达成一致。

解决方案：父母要持续激发孩子的成就欲望。

培养方法：

（1）言传：向孩子传递家庭的三观。通过和孩子分享观点、阅读相关的书籍、遇事分析利弊等方式培养孩子了解家庭的三观。

在日常生活中，事前告诉孩子对错、善恶、价值评判等，事中告诉孩子他做的是对是错，事后和孩子沟通，优化和改善关系。如果父母期望孩子乐于助人，当你和孩子在街上遇到迷路的人时，就要告诉孩子如何帮助他，孩子做到了要及时表扬，和孩子讨论还有哪些人需要帮助等。

（2）身教：告诉孩子要做的事情，首先自己要身体力行。例如做慈善，除了带孩子去参加各种慈善活动，在日常生活中也要主动去帮助他人等。

4．具备良好的能力：生存和发展的前提

如果说，价值观可以让孩子心怀善意地面对世界，那么能力可以让孩子身披铠甲，在这个充满竞争的社会中生存和发展。如果缺乏能力，孩子就会产生恐慌。

父母思考题：孩子要具备什么样的能力?

思考方向：选定你认为优秀的人，思考他具备什么能力，和另一半讨论并达成一致。

解决方案：父母不断自我成长，孩子逐渐自我成长。

培养方法：

（1）个人能力：许多个人能力可在家自行培养，如生存、学习、理财、发现问题及解决问题等能力，这对父母的培养能力有较高要求。

（2）团队能力：团队能力的培养需在团队协作中完成，如领导能力、合作能力等，可依靠外部机构进行培养，也可由家庭设计培训项目，通过召集项目组的方式来完成。

（3）专业能力：可以通过自学或者外部专业培养的方式进行。

一个人成长的最优规划，取决于家庭教育规划平衡轮模型四个要素的交集面，你需要在这四个要素中不断寻找平衡点，让模型交集面变大。

人生就是一个不断自我平衡的过程，是一个从平衡到不平衡再到新平衡的过程。平衡既来自发展状态的变化，也来自人们心态的自我调节——心若自在，便自得安宁。平衡也是一种综合能力，在物质和精神之间的平衡，在家庭和事业之间的平衡，在自我和他人之间的平衡，在心态和欲望之间的平衡都是需要努力达到的状态。生活的状态取决于平衡的能力，每种向往的生活都值得期待，请帮孩子构建平衡轮模型迎接未来。

趋势的力量

淘汰你的对手，往往在你看不到的地方

《三体》中有句话叫作“我消灭你，与你无关”。

打败方便面行业的是送餐行业，打败相机的是手机，打败中国移动的是微信，淘汰收银员的是支付宝，消灭偷车行为的是共享单车，在线为你服务的是机器人小秘书，能写出最快新闻的是计算机编辑，连机器人诗人写出的诗都真假难辨。旧的岗位正在逐步消失，新的岗位层出不穷。在这个跨界“打劫”、变化迅猛的时代，你永远也无法想象你的竞争对手来自哪里，又有哪些新兴行业会冲击现有的行业。

为了让孩子真实感受社会的变化，我组织数十组家庭参观了不同的地方。在参观一家世界500强企业的饮料生产车间时，偌大的生产车间只有4条流水线，每条流水线上有十多条工序。瓶装流水线每小时能生产36000瓶，听装流水线每小时生产18000听。有这么大的产能，整个生产车间的员工却不到100人。孩子们好奇地看着安静的生产车间，懵懂地感受着社会变化对工作的影响。同行参观的父母更纷纷感叹社会变化太快，一位做财务的妈妈说：“太可怕了，我都不知道我以后还有没有工作可以做。”

参观银行时，有的银行已开始上线云银行，有的银行的自助设备非常便利。随着银行人员的介绍，孩子们逐步了解作为银行人员为什么要具备诸多能力，如数学逻辑思维能力、客户服务能力、应急处理能力等。在现场，一个机器人客服的体验让孩子们既开心又担忧，孩子们担心地说："机器人把工作都做了，如果我以后想到银行来工作，还能做什么呀？"

参观旅游大数据公司时，在孩子们面前的大屏幕上，各个旅游景点实时数据生成的图表不断地变化。大数据博士告诉孩子们，不要小瞧这些数据，大数据会改变人们的消费习惯和工作模式。旅游产业已形成庞大的产业链，大数据的运用对国家经济、大众旅游、景区开发都有参考价值。线上购票、人流监控、3D全景视频给生活带来便利的同时，也对行业管理、从业人员的结构和能力提出了新的要求。

在一家生产人形机器人的"独角兽"公司，体验的家庭更是感触不已。现场几十台不同类型的机器人，有负责消防的，有负责探测的，有负责陪伴的。在孩子们体验不同机器人的功能后，梦想导师问："如果机器人可以做所有工作，我们还能做什么呢？"孩子们异口同声地回答："要做创新的工作。"

在国内知名人工智能公司的分享中，孩子们了解到人工智能产品已逐步运用到商业场景中。随着产品在医疗、教育等领域的运用，已经开始逐步替代部分岗位。例如翻译软件正在打破语言壁垒，可以让外语"小白"畅游天下；在四六级英语考试的作文阅卷过程中，虽然现在还是人工＋机器人的方式，但一旦阅卷准确率提升后，未来就可能全部由机器人完成；在法院，随着语言转换成文字的准确率和速度大大提升，迅速降低了现场书记员的工作强度；在普通话水平考试中，机器人的识别技术已减少了对普通话等级考官的需求；医疗阅片机器人，其精准度已达到甚至超过经验丰富的医生，现已经在部分缺乏优质医生的地区开始推广使用。

每次职业体验都会带给家庭极大的震撼，社会变化不仅改变着社会工作岗位的结构及需求，也影响着父母对孩子未来职业选择的思考。

而这些改变和淘汰我们的对手，往往在我们看不到的地方。

趋势变化影响着社会的发展，社会的发展影响着孩子的发展，顺势而为，方大有可为。

趋势对孩子高考的影响

经济因素影响家庭的选择。对家庭而言，社会变化会直接影响孩子教育过程中的一个重要节点——高考填报志愿。

专业的选择和经济的发展、行业的兴衰都有着密不可分的关系。恢复高考后的几十年间，热门专业也不断变换。

每个时期的热门专业都不一样。从石油、钢铁到建筑、机械，再到国际贸易、信息工程、计算机、外语、财经等，高考热门专业的选择就是社会和行业变化的风向标。当金融行业收入高时，家长会鼓励孩子选择金融院校，导致金融专业的调档线高于大部分专业。近年来，互联网行业的发展吸引了大量孩子选择计算机专业，造成该专业录取分数高于其他专业。

追逐热点和风口貌似快速成功的捷径，但利好出尽就是利空。你现在所看到的利好，其他家长很可能也看到了，并且早已做了教育规划。你现在开始布局是为了等待下一个风口。你需要思考是盯着当下的利好，还是帮孩子布局赶上下一个风口。

趋势影响未来的就业

某著名企业家曾说过，很多人输在对于新兴事物，第一看不见，第二看不起，第三看不懂，第四来不及。

我曾去拜访一家物流公司的老总，她安排了一个实习生来接待我。探究一个人选择职业的原因已经成为我的职业病，路上我便问实习生为什么选择到这家物流公司工作。她毕业于某知名财经大学，早年间，我也曾到这所学校招聘过实习生，那时候的学生几乎都选择到知名金融机构或四大会计师事务所工作。我问她："你为什么会来这儿工作呢？"她认为这家物流公司新成立了金融事业部，未来发展机会多。但最早在选这类公司时，她父母是反对的，觉得工作不够稳定，行业不够光鲜，在了解薪酬和发展趋势之后，才理解和接受了。

这就是孩子和父母在择业观念上的差异，因为两代人的就业环境已然不同。就业和经济发展有必然联系。你的孩子面临的就业市场会是怎样的呢？

2017年，咨询公司麦肯锡在《失业，就业：自动化时代的劳动力转移（2030）》报告中指出：

到2030年，现在的工作岗位会有4亿～8亿个被自动化和人工智能取代。全球范围内的工作大约有一半可以在不久的将来实现自动化。其中，最可能被取代的就是单调、重复率高的工作，例如会计、打字员、保险业务员和电话推销员等。

在大约60%的职业中，至少有30％的工作内容可以被自动化，有50％左右的工作理论上可以利用技术手段实现自动化，这意味着大部分的工作场所都将发生巨大的变化。

在麦肯锡研究的国家中，中国需要转换职业的工人数量最多，将达到1亿人，占2030年劳动力总量的12%（见表3-1）。

表3-1　2030 年中国职业变化预测

职业大类	需求变化
医护人员（医生、护士、医师助手、药剂师、理疗师、保健员、保育员以及保健技师）	增长122%
教师（学校教师、高等教育、其他教育业专业人士）	增长119%
创意人员（艺术家、设计师、娱乐业从业者、媒体工作者）	增长85%
技术专家（计算机工程师、专家）	增长50%
经理及管理人员	增长40%
社会互动工作人员（餐饮服务人员、零售及线上销售人员、“一对一”理疗师、娱乐业服务员、造型师、酒店及旅行相关从业者）	增长36%
专业人士（客户经理、工程师、商业及金融专家、律师及法官、科学家及学者）	增长26%
办公支持（IT工作者、信息调查员、办公室文员、部分金融从业者）	增长14%
在难以预测的环境中进行物理活动的工作人员（特殊领域的机械工人、紧急应急人员、搬运工人、农业从业者、交通维修人员、建筑清洁工人）	增长12%
建造人员（建筑工程师、建筑工人、安装及维修人员）	增长9%
在可预测的环境中进行物理活动的工作人员（机器安装及维修人员、安保服务者、博彩业从业者、洗碗工、清洁人员、厨师）	下降4%

资料来源：麦肯锡全球研究院，《失业，就业：自动化时代的劳动力转移（2030）》报告。

趋势影响孩子的底层操作系统

父母一代的成功经验来自工业时代。一份工作、一个组织，终老一生。自动化时代给未来职业发展带来不同的挑战和机遇。父母青壮年期所处的时代是职业相对稳定的时代，稳定的好处是杜绝了变坏的可能，坏处是它把变好的可能也一起屏蔽了。

谁都想在社会发展中变得越来越强大，这样才拥有更多的话语权和选择权，国家如此，组织也如此。当一个组织在不断发展和前进时，会不断进行自我变革，而变革会打破稳定的状态。快速更迭的社会带来的不仅是岗位的变化，更是岗位背后能力体系的变化，即使深受父母青睐的公务员、教师、会计等都在面临新的能力考核。

在高度自动化的社会，未来人们都要适应新的工作环境。对于孩子而言，跟上社会发展，练就不可被自动化替代的技能，才是最重要的竞争力，这需要孩子具备自我更新的应对系统。

身处不同的时代，父母用基于过去总结出来的经验来培养孩子，等于手拿旧地图却想找一条新出路一样。只有了解趋势的变化，父母才可能帮孩子找到新的地图，给孩子装上强大的底层操作系统，更好地应对未来的不确定性。

PEST 趋势模型

这是一个跨界“打劫”的时代，趋势不等人。你如何在这样一个信息爆炸、大数据泛滥、注意力涣散、充满不确定性的世界突破自我局限，帮孩子找到“新地图”呢？

未来虽充满变化，但仍有迹可循。

咨询顾问在帮助客户预测市场变化时，常借助分析外部环境的有效工具更好地了解环境变化，提前做好应对策略，这个工具就是PEST趋势模型。

PEST趋势模型能帮助你从政治（Politics）、经济（Economic）、社会（Society）、科技（Technology）四个方面把握宏观环境的现状及变化的趋势，让你发现机会并加以利用，对可能带来的威胁尽早做好应对（见图3-2）。

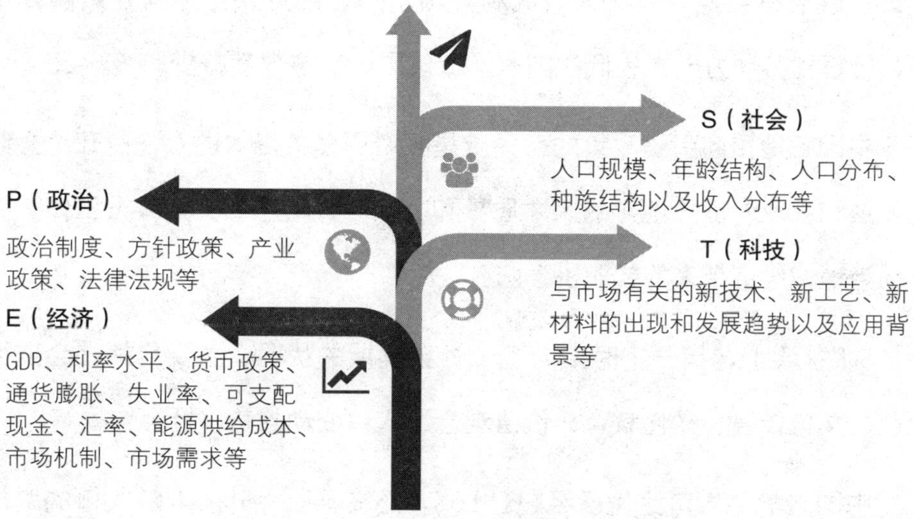

图3-2　PEST趋势模型

P（政治），指一个国家或地区的政治制度、方针政策、产业政策、法律法规等方面。

例如，一些地区教育小升初“公民同招”政策的实施让许多家庭不得不重新思考孩子初中的择校问题；新高考“3+3政策”迫使家长关注孩子的学科组合；中国《新一代人工智能发展规划》的出台，提出对人工智能人才的需求，推动大学扩招人工智能专业，直接或间接地吸引孩子选择该专业；美国签证政策的改变给留美工作带来更多不确定性，影响留学生的就业选择等，政策时刻都在影响你的选择。

E（经济），指国民经济发展的概况、国际和国内经济形式及发展趋势等情况。

经济发展良好的国家，会吸引许多投资，发展的同时带来就业机会。中国早期强大的消费市场和劳动人口红利，吸引大量外企进入中国，提供了许多就业机会，但随着人口红利开始消退，部分外企逐渐开始离开中国，转移到劳动力成本更低的国家，造成国内岗位数量减少。

中国各地招商引资政策的目的就是吸引更多的资本进入，拉升地方经济发展和就业，提升地方的人才质量和收入。人们愿意去大城市工作，就是因为地域经济带来的就业机会。

S（社会），指一定时期内整个社会发展的状况，主要包括社会道德风尚、文化传统、文化教育、价值观念、人口变动趋势、社会结构等。

中国老龄化人口比例已经超过16%，还在不断上升。老龄人口的增加带来老龄化产业的蓬勃发展，许多公司开始布局养老和康养行业，对护理专业的人才需求不断增加。

又如娱乐产业的蓬勃发展，明星的着装、风格、生活方式都会影响孩子的选择。新华网根据腾讯“95后”研究报告发布的一则“‘95后’谜之就业观”消息，超过半数以上的“95后”选择成为网络主播、“网红”。

人口出生数量也影响着人们对教育资源的竞争。如果某年出生的孩子很多，将带来一系列的上幼儿园难、上小学难、上中学难、看病难的问题。

T（科技），是指社会科学技术总水平及变化趋势、技术变迁、技术突破对企业的影响，以及技术与政治、经济、社会之间相互作用的表现等（具有变化快、变化大、影响面大等特点）。

近年来，科技对社会发展的影响非常明显，对就业人员的学历、专业影响较大，科技正在淘汰简单、重复率高的工作岗位，新出现的高科技岗位更注重人的创新和思辨能力。这个要素直接影响着孩子的专业、就业和职业生命周期。

PEST各要素对人们的生活和就业会造成直接或间接的影响，作为父母要充分运用PEST模型五层分析法（见表3-2），提前做好准备，顺势而为，借势而飞。

PEST分析方法：找一条自己关注的信息，按照五层分析法进行分析。

第一步，分析信息隶属于PEST的维度，有时一条信息会涉及多个维度，既有P也有E，具体由自己进行客观判断。

第二步，对从国家到个人应对措施进行五层分析，让信息和自我发展形成关联思维。注意，信息不一定对每一层或每个人都有影响，也可能都无关联。形成关联思维后，当你看到任何信息时，脑海里自动就会进行信息分解和深度分析。表3-2将帮助你进行分析。

表3-2　PEST模型五层分析法

层面	P（政治）	E（经济）	S（社会）	T（科技）
行业影响				
公司影响				
我的影响				
孩子的影响				
应对措施				

长此以往，你会对社会发展趋势建立自我判断意识，结合你对孩子的了解，就可为孩子的规划发展选择方向了。

社会人才需求模型——冰山模型（ASK）

人才是否优秀不是父母和学校说了算，而是由社会进行评判。社会会关注人才的哪些方面呢?

1973年，美国心理学家麦克利兰提出了著名的“冰山模型”（见图3-3）。随着社会的发展，冰山模型已经广泛运用到企业人才管理体系中，人力资源管理中的“岗位胜任能力模型”就是根据冰山模型完成的，该模型常用在选拔、任用、培养、裁员等环节上。

模型将人员素质划分为“冰山以上部分”和“冰山以下部分”。冰山以上部分是容易了解的部分，包括经验、知识、技能等，这些容易通过培训来达成。冰山以下部分不太容易被改变，却对人的行为与表现起着关键作用，包括性格、潜能、动机、内驱力、价值观、态度等，是内在的、不容易评估的部分。

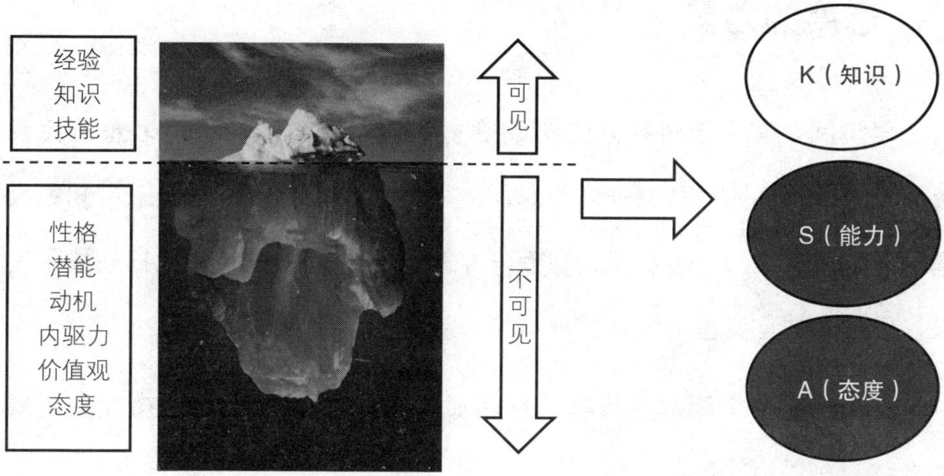

图3-3　社会人才需求——冰山模型

从冰山模型来看，企业只关注人才的三个方面A(态度)、S（能力）和K（知识）。面试时，面试官会充分了解候选人是否符合企业所需要的文化、发展潜力、合作精神、工作动机、价值观等方面的要求，对其进行岗位匹配度评估。

岗位不同，对ASK要求的侧重点不同。常规来看，研究类工作侧重知识，通用类工作侧重态度和能力。对研发人员来说，知识和经验是重要的考核要素，企业也会关注其团队合作能力、客户需求识别能力等软技能。

对销售岗位来说，客户需求识别、亲和力、沟通、承压、服务等能力是考核的关键。

当然，如果孩子的能力强到任何规则都为之让步，这套模型就失效了；否则，孩子要接受企业的考核，三大支柱缺一不可。

态度的力量

早年间，有个流传在外企招聘圈里的面试故事。面试时，企业会设置面试障碍，例如故意在现场不起眼的地方放一把扫把，很多来自知名大学的面试候选人都当没看见，只有一个来自普通院校的学生把扫把扶了起来，于是面试官笑盈盈地对他说："你就是我们要找的人。"

这虽然是一个编撰的故事，背后却是面试官对候选人A（态度）要素的考核。

2018年，我召集了一次小型研讨会，会议主题是"青少年发展和企业核心人才能力需求"。许多人力资源的朋友应邀而至，都是各大知名公司的资深人力资源师，服务的行业涵盖制造、金融、互联网、快消品等。研讨会重点讨论了公司招聘中最看重的要素。对于没有经验的应届生，他们表示更关注的是职业态度、个人素质、成就动机、团队合作精神等方面。

似乎每代年轻人都会被贴上"标签"，可能是"垮掉的一代"，也可能是"崛起的一代"。根据每代人的特点，公司也在不断调整管理模式。人才在发展，对知识、技术和"软技能"的要求在变化，人力资源部门的管理职责也在不断变化，有些公司的人力资源部已转变为人力资源商业伙伴，但无论管理模式如何变化，企业对员工职业态度的要求始终都放在首位，因为志同道合的人才会给公司带来价值。

以下这些面试问题常常被人力资源部门用来了解候选人的动机及态度。

“请你做个自我介绍。”

“你从上一家公司离职的原因是什么？”

“你为什么想来我们公司？”

“你期望获得什么样的薪酬？为什么？”

“谈谈你最成功的项目案例。”

“谈谈你最失败的案例。”

……

初出茅庐的孩子怎么抵得过经验丰富的面试官，即使在网上看了诸多“面经”，仍然抵不过面试官“扒洋葱式”的深度追问。面对精致的利己主义者和开放的合作主义者，如果你是面试官，你会选谁？

职业态度源于根深蒂固的家庭培养和多年的自我认知，也是社会自动分群的标识。孩子要进入哪个群体，就要具备该群体的特征。成年以后的孩子，态度是最难被改变的。企业不会包容态度有问题的员工，也不会耐心等待员工的改变。

起于幼时的态度培养，会对孩子今后的职业生涯问题造成最有力的影响。

能力的力量

我问父母们："送孩子参加这么多夏令营，为什么？"

父母们说："我们期望孩子具备更多的能力。"

我采用深度追问法继续问：“参加这种活动能获得什么能力呢？”

父母们思考了一下，回答说：“大概是团队合作能力、解决问题的能力、独立生活的能力。”

我继续追问：“你们觉得夏令营的哪些内容可以培养这些能力？这些能力对孩子未来发展有帮助吗？”

父母们沉思一下：“说实话，我也不清楚，只是觉得要有这些能力，看到别人的孩子都参加，所以我们让孩子也参加。”

孩子到底应具备什么样的能力，才能从容面对未来呢？

不同时代对人才的标准不一样，不同企业对人才的要求也不一样，没有绝对的标准答案。

从功能上来说，能力可以分为生存能力和发展能力，从生存能力到发展能力是能力的升级。

生存能力：人的必备能力，是人适应环境以及摆脱困境的能力

世界上没有比让孩子身心健康地活着更重要的事情了。

1．生活自理：具备生活中的常识与技能，能管理好自己的衣食住行，以及掌握融入社会所需要的社交规则

魏永康，17 岁考入中国科学院高能物理研究所，硕博连读。2003 年 7 月，魏永康被学校劝退，没拿到硕士学位。到底发生了什么，让这个天才少年没有毕业呢？

来看一下这个 17 岁的“半成年人”的情况：他完全无法安排自己的

学习和生活，热了不知道脱衣服，冷了不知道加衣服，冬天穿着单衣、趿着拖鞋往外跑；房间不打扫，屋子里臭烘烘的，脏袜子、脏衣服到处乱扔；经常一个人窝在寝室里看书，有时竟然忘了还要参加考试和撰写毕业论文，导致他有一门功课被记零分，最终没写毕业论文让他失去了继续攻读博士的机会。

为什么17岁的高智商孩子，连照顾自己都不会呢？

这要从他的家庭教育来看。在他母亲心中“只有专心读书，将来才会有出息”，因此除了学习，母亲从不让他做任何事情，包括挤牙膏、洗衣服、端饭、洗澡、洗脸。为了让他在吃饭的时候不耽误看书，读高中时母亲还给他喂饭。

考入中国科学院后，没有母亲的照顾，他彻底“失控”了，而让他失去学习机会的正是缺少生活的基本能力。

生活不能自理的孩子，在世界上寸步难行！

2．身体健康：健康的体魄才是发展的基础

没有身体，又谈何未来？0前面没有1，后面再多的0也没有依附的根本。

随着物质生活水平的提升，中国中小学生的平均身高都有所提高，但是视力、体重、身体素质等问题却涌现了出来。对中小学生体能素质的调查发现，学生们的身体素质呈逐渐下降趋势。

没有强健的身体，用什么去拼搏未来？扛不住自己的现在，又拿什么去创造自己的未来？

3．心理健康：拥有强大内心的孩子无惧外部风雨

中国科学院心理研究所国民心理健康评估发展中心负责人陈祉妍谈到青少年心理健康的问题，她指出中国青少年焦虑症状检出率为26%～30%，而抑郁症状检出率平均为15.4%；中学生自杀想法（自杀意念）的发生率平均为17.7%。

孩子的心理健康不容忽视，只有活着才有资格谈未来！

美国心理学家马斯洛和米特尔曼提出的心理健康的十条标准被公认为“最经典的标准”：

（1）充分的安全感；

（2）充分了解自己，并对自己的能力做出适当的估计；

（3）生活的目标切合实际；

（4）与现实的环境保持接触；

（5）能保持人格的完整与和谐；

（6）具有从经验中学习的能力；

（7）能保持良好的人际关系；

（8）适度的情绪表达与控制；

（9）在不违背社会规范的条件下，对个人的基本需要做恰当的满足；

（10）在集体要求的前提下，较好地发挥自己的个性。

世界上没有“后悔药”，宁愿孩子此生平凡地活着，也好过出事后追

悔莫及。让孩子健康成长，一切才有可能。对于世界而言，孩子只是一个人；对家长而言，孩子就是全世界。

发展能力：在生存的前提下，帮助人不断发展并持续上升的能力

到2030年，中国劳动力需求会较2016年减少1600万人，而增加的新岗位会需要相应的新能力。如果孩子现在10岁，要为10多年后的就业做好准备，你会培养孩子的哪些能力呢?

诺贝尔经济学奖得主詹姆斯·赫克曼研究表明：非认知性能力的提升对个人成功起到的作用不容小觑。非认知性能力包括敏锐、自控能力、性格特征、人际交往能力及其他社会发展需要的能力等。认知性能力和非认知性能力与个人在犯罪、收入、健康、教育、信用等诸多方面的表现均密切相关。家庭环境与父母教养方式对于个人能力的塑造作用远大于金钱。

人生的进退自如都在生存和发展能力中，退可平凡，进可精彩。

规划的步骤

纲举目张，全程不慌，家庭教育规划引领孩子的发展。

孩子的培养=清晰的战略思维+匹配的战术+良好的执行。战略思维是家庭培养孩子的底层逻辑，让父母具备为孩子做选择的智慧和勇气。用战略思维来思考孩子的发展问题，用战术达成教育目标。

家庭教育规划分为四大步骤，将提升家庭教育的目标性和教育行动的有效性（见图3-4）。

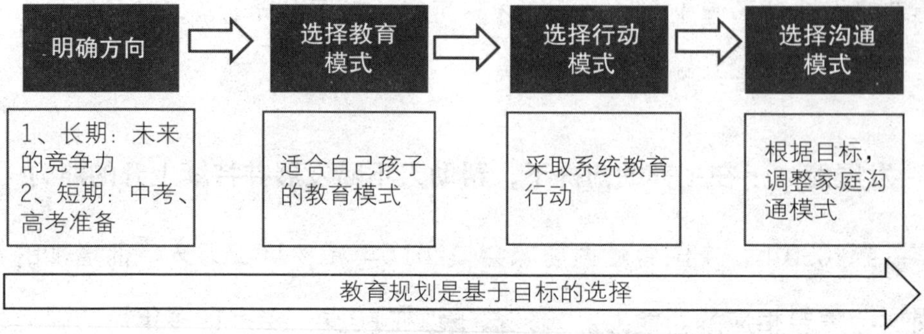

图3-4　家庭教育规划步骤

1．明确方向

目的：找到孩子的培养方向。

解决：要培养什么样的孩子。

帮助父母厘清目标，从长远的角度考虑孩子的培养问题，根据家庭和孩子的“长板”进行发展定位，兼顾长短期目标。基于长期目标展开的培养，父母才可以从容面对孩子短期的得失。

有长期目标，父母在孩子的兴趣培养、择校、心理健康等方面才会更坚定，有计划、有条不紊地推进，避免从众心理，减少受“剧场效应”的影响，紧紧围绕教育初心展开培养行动。

根据长期目标制定的短期目标会更有效，阶段性任务更明确，在应试培养阶段就应试培养，在素质培养阶段就素质培养，合理兼顾需求。

2．选择教育模式

目的：不盲目跟风，做到兼容并蓄，因材施教。

解决：什么教育模式适合自家孩子。

避免孩子成为各种教育理念的试验品，“网红”教育产品不一定也适合自家孩子。大部分家庭的教育模式都是“父母+孩子”的组合，双方的能力、经验、性格、特质构成了独一无二的教育环境，选择教育方式切忌盲目跟风。

面对眼花缭乱的教育理念，父母可以大胆拿来，小心验证，谨慎尝试。一旦有效，方可徐徐展开。

教育模式要有延续性。如果父母今天尝试快乐教育，明天信奉棍棒教育，过于跳跃的教育模式就会让孩子不知所措，最后的结果就是“四不像”。

世界上最好的教育方法，是父母根据孩子的具体情况制定的教育方法，“尽信书不如无书”，做好规划，因材施教。

3．选择行动模式

目的：有目的地为孩子做选择。

解决：择校、补课、兴趣班、专业、职业发展等问题。

如果你想去旅行，走哪儿算哪儿，归程不定，你会准备什么呢？是带上四季的衣服，还是带一部分？带多少钱？如果你财务自由，可以走到哪儿买到哪儿，走到哪儿住到哪儿，那么去哪里其实都一样；如果你预算有限，又不提前做准备，要么带了一堆没用的东西，让旅程变得很累，要么还要额外花钱购买必需品，导致捉襟见肘，不得不改变旅程。

教育行动就是你确定目的地后规划的行程和所做的准备。

如果孩子的目标是考上好大学，你的教育行动就应专注在各种有利于孩子升学的事情上，例如选择升学率高的学校、各种补习班、有利于升学的比赛、各类学习工具书等。

你会关注各种升学、补课、考试信息，阅读各种能提升孩子学习技巧的文章，关注升学考试的成功渠道，加入各种升学群。

如果你期望孩子身心健康，你的教育行动就应关注孩子的综合发展，例如选择学习压力较小的学校，周末带孩子出去走走，报补习班会征询孩子意见等。你会看成长类的相关信息，会让孩子看不同类别的书籍。

如果你期望孩子在巨大的学习压力下能够保持身心健康，就需要学习多种教育方法，在同一时间内完成两项任务，在面临教育行动选择时，时间冲突的压力会骤然加大。

4．选择沟通模式

目的：所有的教育理念，最后都要通过沟通实现。

解决：怎么说才符合家庭培养的方向，怎么说孩子才会听。

我接触过很多父母，他们日常的观点表达都很优秀，但在教育实战演练中自己想表达的内容和孩子接收到的有较大出入。

有人认为自己的态度很和蔼，但给人的感觉却咄咄逼人；有人觉得自己在严格要求孩子，但真实情况却是节节败退；有人觉得自己在表扬孩子，但孩子接收到的都是批评。

很多父母具有很好的教育理念，最后却败在自己的沟通模式上。

一位孩子向我形容过父母的状态："大人对你说'谢谢'，就像在钢板上铺了一层稻草，风一吹就露出了冰冷的钢板。"多么聪明的孩子，一眼就识破了父母的真实意图。

你了解了什么沟通模式很重要，你会用什么沟通模式更重要

最基础的沟通模式是建立良好的亲子关系，高级别的沟通模式是和教育目标相匹配。你想培养抗挫能力的孩子，是选择严格要求的沟通模式，还是和善的沟通模式，是疾风骤雨式的沟通模式，还是和颜悦色的沟通模式？想培养高情商的孩子，是选择控制情绪的沟通模式，还是选择不控制情绪的沟通模式？

教育不是独角戏，沟通是达成家庭教育目的的有效工具。用沟通打开孩子的内心，推动孩子前行。

第四章
有效识别家庭教育现状

识别孩子现状

孩子的智力优势

别逼着火鸡上树

大部分孩子都被一个人“伤”过，那就是“别人家的孩子”。

国内有一档学生真人秀节目，让孩子向父母表达心声，其中有一期一个女孩的一段话很能代表中国孩子的心声。

“有一个人，她‘十项全能’，她什么都好，她就是‘别人家的孩子’。但是为什么‘别人家的孩子’会给我这么大的压力呢？是因为我的妈妈在考试结果出来后，总是拿那个全班、全年级、全联盟排名第一的女生来和我比。”

这是很多孩子面临的现状，“别人家的孩子”是他们成长中绕不过的坎，是每个家长心目中“成功”的参照物。两者之间有多种重要的参照指标，如学习、习惯、行为等。家长们对比时往往都会说：“人家的孩子怎么可以，你怎么不可以呢？”

别人可以，自己的孩子就一定可以吗？一些方面不优秀就代表孩子整体上不优秀吗？

人力资源界有句经典的话：“培养火鸡上树，不如直接找一只松鼠更合适。”花大量时间培养的火鸡，可能还不如未经训练的松鼠上树更矫健自如，快速高效。每个人都有一定天赋和擅长的方向，与其让他做不擅长的事，不如让他在擅长的领域充分发挥。

每个孩子都是自己的冠军

请在以下四种动物中选出你认为最厉害的，并说出理由：

鲨鱼、猴子、老虎、老鹰

在不给假设前提的条件下，你可能无法选择，因为你不知道最厉害的标准是什么。

四种动物生活在不同区域，各有优势。如果以游得快为标准，鲨鱼是当之无愧的冠军；如果以飞得快为标准，除了老鹰，其他三种都将被视为“笨蛋”。

每种动物都属于完全不同的能力体系，把它们放在一个标准之下进行评比是不公平的。游泳项目中排名靠后的动物，不能说它不厉害，正如鲨鱼也不会爬树。

教育评估系统也一样，现行的考核标准是应试成绩，但有的孩子适应考试模式，有的不适应。若教育选拔用跑步作为考核标准，估计“学霸”又是不同的人。作为父母，不能一味地以考试结果来判定孩子是“英雄”还是“狗熊”。

评估一个人是否优秀，要看将其放在何种评估体系之下。

每个人都面临三种评估体系：教育评估体系、社会评估体系、人生评估体系。

教育评估体系：符合现行教育体系的人才选拔要求。

社会评估体系：符合社会对人才发展的要求。

人生评估体系：符合个人对向往生活的精神、物质、价值的要求。

教育评估体系是短期评估，社会评估体系和人生评估体系是长期评估，三者既有关联，又相互独立。

成绩不代表一切，别急于给孩子下结论。人生那么长，别用一个评估体系否定孩子，让孩子找到自己擅长的领域，成为自己的冠军。

找到孩子的智力优势

如何选拔聪明人？很多科学家做了大量有关“智力”的研究，希望找到科学的方法来测量智商。

从1916年德国心理学家施太伦提出“智商”概念开始，随后的几十年中，科学家及教育家便展开了各种关于智商的研究。有的科学家对超过百所学校进行了调研，也有的科学家对研究对象从幼儿园阶段开始连续进行数十年的跟踪研究，都是为了找到“智商”的奥秘。

直到20世纪80年代，哈佛大学教育家、心理学家霍华德·加德纳提出了多元智力理论，该理论是关于智力研究的重要成果。他根据多年来对人类潜能的大量实验数据，进行了数据样本研究，在1983年出版的《智力的结构》一书中，正式提出了多元智力理论的基本结构。

他认为："智力是在某种社会或文化环境的价值标准下，个体用以解决自己遇到的真正难题，或生产及创造出有效产品所需要的能力。"智力不是单一的能力，人类需要具备多元智力（见表4-1），分别是语言智力、逻辑数学智力、身体运动智力、空间智力、音乐智力、自省智力、人际关系智力、自然智力，不同的人在每种智力上存在差异。

多元智力理论能够解释为什么有的孩子能轻松成为传统意义上的"学霸"；有的孩子很努力，学习成绩却一般；有的人学习不好，但也可以在社会上取得成就。

表4-1　多元智力

多元智力	智力优势
语言智力	是指对语言的听、说、读、写的能力。表现为个人能够顺利高效地利用语言描述事件、表达思想并与人交流的能力
逻辑数学智力	是理性逻辑思维较显著的智力体现。在学习数字、物理、几何、化学乃至各种理科知识时有较好的表现，有理性的思考习惯
身体运动智力	是指运用四肢和躯干的能力。表现为能够较好地控制自己的身体，对事件能够做出恰当的身体反应，以及善于利用身体语言表达自己的思想和情感的能力
空间智力	是指感受、辨别、记忆、改变物体的空间关系，并借此表达思想和情感的能力。表现为对线条、形状、结构、色彩和空间关系的敏感，以及通过平面图形和立体造型将它们表现出来的能力；同时对宇宙、时空、维度空间及方向等领域有掌握和理解能力，是更高一层智力的体现，是有相当的理性思维基础习惯为依托前提的能力

续表

多元智力	智力优势
音乐智力	是指感受、辨别、记忆、改变和表达音乐的能力。表现为个人对音乐反映出的包含节奏、音准、音色和旋律在内的感知度，以及通过作曲、演奏和歌唱等方式表达音乐的能力
自省智力	是指认识、洞察和反省自身的能力。表现为能够正确地意识和评价自身的情感、动机、欲望、个性、意志，在正确的自我意识和自我评价的基础上形成自尊、自律和自制的能力
人际关系智力	是指与人相处和交往的能力。表现为觉察、体验他人情绪、情感和意图并据此做出适当反应的能力
自然智力	是指认识世界、适应世界的能力。是一种在自然世界里辨别差异的能力，如辨别植物区系和动物区系、地质特征和气候，对大自然环境规律的认知，如自然历史、人体构造、季节变化、方向、磁极的存在，感知灵性空间的超自然科学能力，能适应不同环境的生存能力

八种智力的不同组合，造就了人与人之间在学习、社交、兴趣爱好等各方面的差异，因此有的孩子擅长理科，有的擅长文科；有的性格外向，有的性格内向；有的孩子做错了事会找自己的原因，不断改进，有的孩子习惯向外归因。

通常来看，高考考核的智力主要集中在语言智力和逻辑数学智力，具备这两种智力优势的孩子学习成绩都比较好，学习对他们来说也比较容易。

加德纳的多元智力理论对美国教学改革产生了广泛而积极的影响，后来逐步影响了西方许多国家，对各国教学改革起到了推动作用。

多元智力还和孩子的兴趣、天赋及未来的职业选择方向密切相关，也是激发孩子自我内驱力四要素之一的“兴趣和喜欢”的来源。父母了解多元智力理论有助于更充分地发挥孩子的智力优势。

了解孩子的智力优势，就能做到因势利导，在优势项目上取得成绩，让孩子更容易树立信心，激发成功的欲望。

接受孩子是个普通人的现实

在中国，高考能上一本的孩子比例不到6%。如果以上一本作为孩子教育考核标准的话，你必须承认，家有普通孩子是大概率事件。

数据显示，从20世纪80年代开始，中国高考报名人数一度每年只有100多万人。2007—2009年是高考人数的顶峰时期，人数分别为1010万人、1050万人、1020万人。2009年之后，高考总人数略有下降，再也没有突破1000万大关。到2019年，经过整整10年的时间，高考报名人数到达946万人，是近10年来高考人数最多的一年（见图4-1）。

图4-1　2010—2019年中国高考报名人数

资料来源：中国教育部。

当“上个好大学”成为很多家长挥之不去的执念时，孩子的升学压力就被无限放大。从小学到大学这条路，孩子走得极为艰辛，一路“过关斩将”，来到目的地前才发现“城门”拥挤，通关异常困难。教育让千万家庭参与“登山”，却只能让少数人“登顶”。

世界上绝大多数人都是普通人，下一代大概率仍然是普通人。

承认孩子的平凡，降低期望值，父母的内心才会趋于平和，帮孩子预设目标时才更切实可行。期望越大，越容易让家庭的教育行为走样。当孩子长期能力配不上野心，才华配不上梦想时，会陷于疲于奔命、信心受挫的境地，导致身心俱疲。

切实可行的目标，能提振孩子的自信心。有自信心的孩子，面对困难才会有勇气迎难而上，才会有机会迎来精彩的生活。

2019 年 11 月，我邀请一位朋友做“普通孩子逆袭哈佛”的分享。他一直强调自己的孩子非常普通，就读普通的公立小学、公立中学和高中，最后上了一所普通的大学。如无意外，孩子的生活就会沿着普通的轨道走下去。没想到孩子在申请硕士学校时，却斩获了包括哈佛大学在内的 9 所世界顶级大学的录取通知书，这给了他一个大惊喜。

他一直相信孩子的能力，即使在孩子还没有显现逆袭实力的学习阶段。孩子从小到大没有补过课，高中班主任还是体育老师，但无论孩子处于哪种境况，他始终相信孩子是优秀的。

分享中，他一直强调：“我家孩子很普通，但孩子很有自信。”这个自信的普通孩子，没有因为自己很普通而放弃对知识的追求。她充分考虑到自己的情况，在申请硕士初期，把目标设定为一所较好的国外大学，随着准备越来越充分，自信心也越来越足，她不断地调整申请的大学，最后把目标调整为世界顶级的学校，成功实现逆袭。

朋友最自豪的是孩子的自学能力。一般孩子都会找培训机构来帮助完成大学申请，而他的孩子是自己动手完成的，从选择学校、了解专业、撰写文书都是靠自己，连 GRE 都是自学的。谈到对她的教育，他更多强调的是信心、行为习惯、学习动力、良好的家庭关系等。

分享会现场的家长不仅了解了他家孩子的成长历程，也学习到让一个普通孩子逆袭的父母是什么样的，分享后对他的评价是：睿智、自信、理解、包容。

普通成长环境、普通成绩的普通孩子，最后进入世界顶级大学的案例，现实生活中并不少见。这个普通孩子逆袭的背后，是家庭持续20多年的信任和支持。

只有你能接受孩子是个普通人，才能沉下心来慢慢思考如何让孩子走出自己的精彩。

孩子生而平凡，但你可以造就不凡。

性格影响发展

多少横冲直撞的青年人，最终在中年时期选择妥协！

社会生存的规则是物竞天择，适者生存。极具个性的孩子，要么出众，要么出局。无论哪种结果，家长都要思考家庭能否承受付出的代价。

能力要撑得起野心，性格要能融入团队。恃才傲物的人，多数要经历人世间无数的坎坷，那些存活下来并成为天才的人，是因为真正的才华让他们幸免于难。人们会因为天才的才华而接受天才的狂妄，而大部分人都陨落在“才华不大，脾气不小”的问题上。

芸芸众生中，被慧眼识英雄的毕竟是少数，社会从来不缺因才华出众、个性出格而遭受重创的故事。

作为中国科技“领头羊”的华为，已成为很多人心中最想去工作的公司之一，公司的品牌效应吸引了众多佼佼者。有位北大毕业生入职华为一个月后，就给任正非写了一封“万言书”，直指华为内部存在的诸多弊病。这位毕业生能够在短时间内看出如此多的问题，并提出自己的建议，可谓有胆有识。在职场中，不乏不拘一格提拔人才的案例，这位毕业生是否能够通过这样的方式获得公司高层的青睐呢？

没有想到的是，任正非批复：“此人如果有精神病，建议送医院治疗；如果没病，建议辞退。”

一腔报效公司的热血被这一盆冷水浇得冰凉。有想法的员工给公司高层提建议，不但没有被礼遇，反而被辞退，这是为什么呢？

职场不相信眼泪，团队需要大于一切

员工渴望进入职场“快车道”是人之常情，那位北大毕业生的本意只是想通过这种方式来展示自己的才华，引起公司高管的关注。然而对公司来说，公司的目标是盈利，而不是让员工满意，只有在统一的标准工作流程和管理之下，才能保证公司高效运转，保持组织有序的运转是提高效率的前提，越庞大的公司越要求员工各司其职，分级管理，职责清晰。

如果每个员工都像那位北大毕业生一样，一来就觉得到处是问题，甚至越过上级直接向最高领导提建议，将扰乱现有管理体制；如果华为员工都这么做，管理将陷入混乱。作为一名成熟的社会人，尊重公司文化、在公司的共性要求之下帮助公司发展才是明智之举。

刘柯是个标准的“学院派”，在加入一家集团公司时，总觉得公司现有管理方式和他学习的人力资源知识不一致，因而提出了各种质疑。后来在一次集团级的人力资源体系专项会议上，他给公司提出诸多改善建议，会上慷慨陈词，痛陈时弊，年轻的面容上激情洋溢，语言句句犀利，一时间让分管人力资源的负责人脸都红透了。在随后和其他部门的合作中，刘柯仍是这种风格，引起了各部门的不满，他遇到了各种“软钉子”。尽管刘柯很有想法和能力，但由于得不到各部门的支持，工作始终无法展开，导致绩效评估排名靠后，最后不得不选择离职。

人类是群居动物，要融入社会群体中去，学会合作、尊重他人是基本准则。社会不问年龄，只认规则。

“他还只是个孩子”不是孩子的护身符；“我性格比较直，请大家多包涵”不能成为肆无忌惮地表达、不顾别人感受的理由。社会不是孩子的“家”，没有人愿意花时间、费精力去迁就“个性”强的人。融入不了社会又谈何发展？只有遵守社会规则，才有机会找到适合自己的舞台。

“天才性格＋普通才华”是横亘在普通孩子和成功之间的严重障碍

性格的重要形成阶段在青少年时期。这个时期正好面临升学压力，家长往往一切以成绩为重，孩子成绩好往往就能“一白遮百丑”，性格培养很容易被家长忽略，等到成年后发现性格出现问题时为时已晚。

成人的性格趋于稳定，很难改变。如果主动寻求改变，则往往意味着已经在一次次的横冲直撞中头破血流，付出了惨重的代价，不得不面对现实。

工作中的屡屡受挫、遭遇疾病的折磨、一次刻骨铭心的恋爱失败、一次破裂的婚姻、家人生病时财务上的窘迫等，都可能是引发改变的开始。

性格本身没有好坏之分，但选择工作时往往应考虑性格因素。内向的人擅长研究和思考，外向的人擅长沟通与社交。在崇尚科学研究、严谨工作的地方，内向性格的人会占优势；在崇尚开放竞争、服务导向的地方，外向性格的人会有更多机会。

无论在什么时期，性格须兼具共性和个性，共性是融入群体的基础，个性是自我发展的前提。先生存、后发展，有共性更要有个性，但是要先共性、后个性。

幼年时期形成的性格，都被暗中标好了“价格”，在孩子长大以后，才能知道性格能创造多少价值。

团队角色

无论孩子是“学霸”还是“学渣”，是天才还是普才，最终都要进入社会。而社会的评估标准是综合性的，涉及家庭关系、亲友关系、事业发展、个人成就等各方面。只要与人合作，就会有角色分工。

只有勤奋是远远不够的

约翰和哈里同时进入一家公司。三年后，哈里向总经理抱怨："我和约翰同时到公司工作，现在约翰是部门主管，我还是普通员工。三年来我勤勤恳恳地工作，没有迟到、早退，对上司交代的任务总是按时完成，从来没有拖沓过，可为什么我还是普通职员？"

总经理没有马上回答哈里的问题，说："公司现在打算订一批土豆，你去看一下哪里有卖的，回来告诉我。"

哈里接过任务，立刻去查土豆的信息。

半小时后，哈里向总经理汇报："我们附近的集市有土豆卖。"总经理问："一共有几家卖土豆的？"哈里挠了挠头说："我刚才只是看到有卖的，没有留意有几家，我再去看一下。"说完急忙跑出去了。

二十分钟后，哈里气喘吁吁地汇报："一共有三家卖土豆的。"总经理问："土豆的价钱是多少？三家的价格都一样吗？"哈里愣住了说："我去问一下价格。"说完，又要往外跑。这时，总经理叫住他："别去了，你去帮我把约翰叫来。"

约翰来到了办公室，总经理对约翰说："公司现在打算订一批土豆，你去看一下哪里有卖的？"

四十分钟后，约翰回来汇报："附近市场里有三家卖土豆的，其中两家是 0.9 美元一磅，一个老人的土豆只卖 0.8 美元一磅。我发现老人的最便宜，质量最好，因为是他自己农场种植的。他说如果我们需求量大，价格还可以优惠。而且他有货车，可以免费送货。我已经把老人带回来了，就在公司大门外等着，您看要不要让他进来具体谈一下？”

总经理说："暂时不用了，你让他先回去吧。”约翰就离开了办公室。

总经理看着目瞪口呆的哈里问："你都看到了吧。如果你是总经理，你会给谁加薪晋职呢？”

这个故事里哈里和约翰的差别到底在哪里呢?

剑桥大学产业培训研究部前主任贝尔宾博士经过多年研究与实践认为，高效团队的工作有赖于默契协作，团队成员必须清楚其他人所扮演的角色，了解如何相互弥补不足，发挥优势。团队协作可以提高生产率，鼓舞士气，激励创新。他认为，一支结构合理的团队应该由九种角色组成（见图4-2）。

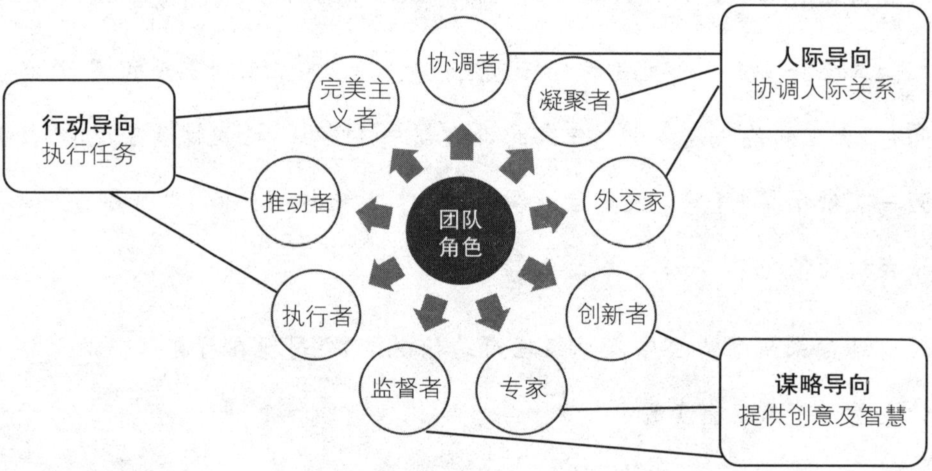

图4-2　团队角色

贝尔宾团队角色分三个大类、九个角色。每个人都具备多种角色特征，会根据职责和团队经验在不同工作情境中选择运用（见表4-2）。

表4-2　团队角色简析

角色	优点	特征	团队中的作用
协调者	沉着、自信、控制局面	对各种有价值的意见不带偏见地兼容并蓄，看问题比较客观	明确团队目标和方向，确定决策问题的优先顺序、团队角色分工、责任和工作界限
凝聚者	擅长人际交往、温和，是人际关系的敏感者	能促进团队的合作，倾听能力强	支持、帮助他人，氛围调节剂
外交家	性格外向、好奇心强、联系广泛，是信息的敏感者	喜欢交友，探索新事物	提出建议，擅长整合信息，喜欢接触其他群体，喜欢参加活动
创新者	有个性、思想深刻、不拘一格	才华横溢、富有想象力、智慧、知识面广	提出建议，提出批评并有助于引出相反意见
监督者	清醒、理智、谨慎	判断力强、分辨力强、讲求实际	分析问题、澄清问题，对他人的判断和作用做出评价；敢于直言不讳地提出和坚持异议
执行者	顺从、务实可靠	工作勤奋、有自我约束力	按规定执行既定的计划
推动者	思维敏捷、坦荡、主动探索	积极主动、有紧迫感、视成功为目标、追求高效率	寻找和发现团队讨论中可能的方案，推动团队达成一致意见，并采取行动
完美主义者	勤奋有序、认真、有焦虑感	追求完美、持之以恒	强调任务目标的要求和时间，指出错误、遗漏及忽略点，让团队产生时间紧迫的感觉
专家	专业、专注	集中在自己的领域	给出权威和专业性意见供团队决策

成为团队中不可替代的角色

一个人可以身兼多个角色，有的人既能当协调者，也能当执行者；有的人只能当执行者。在有不同角色需求的团队中，各种角色的重要性不一样。在创新的组织中，具有创新角色的人将被委以重任；在强调执行力的组织中，具有执行者角色的人就会获得更多的机会。

在“买土豆”的案例中，哈里显然是个执行者，尽管很努力，但工作需要上级推一下动一下，不会主动积极地从上级的角度思考问题，提前思考下面几步的工作安排；而约翰却在创新和协调上明显有优势。协调能力是团队管理者必备能力之一。如果你是老板，你会选谁做主管呢？答案其实显而易见。

我给一些团队做管理培训时，经常请参训人员完成“西游记裁员”的游戏。以小组为单位讨论：作为完美团队的代表，西游团队一起克服了许多困难。现在团队遇到了财务困难，为了节约成本，西游领导小组决定裁员，由小组成员共同讨论裁员顺序，对团队成员——唐僧、孙悟空、猪八戒、沙和尚、白龙马进行投票，逐一淘汰。

有趣的是，大家第一批淘汰的都是沙和尚或白龙马，意见非常统一。这两位都是执行者，现有工作可以分摊到其他人身上去，可替代性强。对于猪八戒和孙悟空，裁员的决定出现了分歧，集中关注点在接下来的任务需要什么样的人：如仍需通关打怪，孙悟空比猪八戒有优势；如需社交往来，则猪八戒胜算更大。当然唐僧也可胜任猪八戒的社交工作，这就增加了猪八戒被裁员的风险。而唐僧作为西游任务的关键角色，始终是要保留到最后的。

每种角色对团队都很重要，不同公司对岗位功能需求不同，所以每个岗位的可替代性也不一样。孩子进入社会后，要根据自己擅长的团队角色找到匹配的组织，努力成为团队中最核心、最有价值的一员。

同样，家庭也是团队，你家的团队是完美团队吗?

家庭成员是猪队友还是神助攻

“不怕神一样的对手，就怕猪一样的队友。”没有完美的个人，只有完美的团队。团队的每种角色都重要，但关键是合作，选对了角色就是“神助攻”，选错了角色就是“猪队友”。

你家的另一半是“猪队友”，还是“神助攻”？你们的合作是合力，还是分力？可以通过表4-3来了解家庭团队角色的分布。

表4-3　家庭团队角色分布

人际导向	谋略导向	行动导向	角色需要提升的方向
√	√		家庭教育方案的落实及执行
	√	√	营造家庭融洽的教育氛围
√		√	创新思维
√	√	√	保持持续精进

教育孩子，从来都应团队作战，“神助攻”很重要，“神助攻”的能力越强，培养效果就越好。你要联合“神助攻”做好家庭团队分工，发挥各自优势。

拥有好的“神助攻”，孩子的教育就已经成功一半。

现状分析工具

教育是一个动态变化的过程，时间长、变量多，不能只凭感觉行事，泛泛而谈的教育只会耽误孩子发展。事情越重大，决策要越理性。与其事后后悔，不如静下心来思考和筹谋，提前布局。

布局未来，了解趋势和厘清现状都很重要，趋势决定战略的定向，现状决定战术的运用。现状评估就是让父母能够及时了解社会变化，并根据变化做好当下家庭教育的应对措施。

家庭的SWOT分析法通过四个维度——S（strengths，优势）、W（weaknesses，劣势）、O（opportunities，机会）、T（threats，威胁），帮助父母对家庭的现状进行全面、系统、准确的思考和梳理，有针对性地思考孩子的培养战略、计划以及对策（见表4-4）。

表4-4 家庭SWOT分析

维度	关注要素
S、W维度	内部环境：家庭中父母及密切接触者的能力、眼界、思维等 外部环境：学校（老师+同学）、社会环境、朋友等 家庭资源：人脉及财务资源等 孩子天赋：智力天赋、性格要素、团队角色等 其他要素：自行思考
O、T维度	外部环境：社会发展趋势、人才需求等 家庭资源：人脉及财务资源等 孩子天赋：智力天赋、性格要素、团队角色等 前期准备：已投入时间、资源等 其他要素：自行思考

分析的工具及其运用方法：

（1）家庭环境、家庭资源的支持工具：用父母五力模型进行评估；

（2）外部环境：参照PEST趋势模型、ASK模型；

（3）孩子天赋：

智力天赋：参照多元智力模型；

性格：参照DISC性格测评（见第288页）；

团队角色：参照团队角色模型。

（4）前期准备：指家庭已经提前做的准备，如投入的时间、资源等。越早识别孩子天赋，父母就越可提前培养，越早准备。虽然先发优势比较明显，但是否会一直在人生长跑中领先，仍需看父母在孩子成长过程中的选择及管理。

生活总是充满挑战和变数，充足的准备能更好地抵御风险。有些事情不是因为难以做到，才选择了放弃，而是因为选择了放弃，才难以做到。

起点不能决定终点，但会影响行动。通过梳理现状，充分了解家庭现状，认知就会越客观，制订培养方案就会越符合实际。

教育是统一行动。只有家庭对孩子的教育达成共识，才能形成有效的合力。建议你和另一半完成表4-5的评估。

一对夫妇的孩子已上初中，他们从晚上7点钟开始，就会把门一关，一直谈到晚上12点多，持续了将近一周，才完成了孩子现状评估，发现从现在到目标还有很多事要做。

请安排好时间，认真完成家庭教育的基础表格。

表4-5 自家孩子现状评估

评估时间：	孩子年龄：
S（优势）：	W（劣势）：
O（机会）：	T（威胁）：

识别家庭现状

你才是孩子的起点

真正的教育是拼父母。

有位非常知名的女企业家，她的先生拥有在中国乃至全球都很有影响力的公司，她也拥有自己的事业，女儿已经顺利地完成事业传承，在二代企业家中非常出色。我邀请这位女企业家分享家庭教育的经验，她问我期望分享什么方面的内容。这位像宝藏一样的智慧女企业家，可以分享的实在是太多了，而很多人最想知道的是她培养孩子的秘诀是什么。

你若奋斗不息，孩子必定默默效仿

她在年轻时抛弃世俗认为的稳定工作而选择创业，可见她的勇气和远见。创业期间恰逢孩子成长的关键时期，她的付出要比别人更多。每晚11点多，她要等到孩子睡着后，再骑一个多小时的自行车去公司帮助先生做事情，次日早上6点还要起床照料家庭，日复一日，年复一年，直到事业成功。

在家族企业蒸蒸日上的时候，她还在努力学习。曾经有很长一段时间，每周她都从外地坐飞机到我这里来学习。除了企业集团年会期间她请过一次假，其他时间就没有中断过。早上9点上课，她可以7点多送客户去机场后回来继续学习。每次要完成的作业，无论多忙她都会交上来。我的邮箱里有她晚上12点多交作业的记录，也有她早上7点多交作业的记录。当我告诉她作业需要修改时，她会认真地重新做一遍。遇到不会的作业，她会提前坐飞机过来，向其他同学请教，确保自己能够按要求完成。学习结束，她就立刻飞往其他城市继续工作。她每天晚上的安排也非常满。

和她一起学习的人说："成功的人真的有成功的道理。我们总是会为自己找各种借口不学习，但看到她以后才发现，原来我们根本不够努力。"

在我这里参加学习的这一年，她已经60多岁了。

在她的影响下，成长在优渥条件下的女儿也非常拼搏，风格和妈妈非常相似，让她非常自豪。对父母来说，还有什么比孩子更重要的事业呢！

你是什么人，孩子就成为什么人。你若站在高处，孩子必定随后就上来。

家庭教育在拼父母的什么

如果你以为教育是孩子间的比拼，那你已经输在起跑线上了。

2017年，上海一所著名小学的招生要求引发了全国性的讨论。大家激烈讨论的不是考题有多难，而是学校对家庭成员提出的学历要求，不仅包括对父母的，还包括对祖父母的。一石惊起千层浪，大家不由得感慨，上个好学校怎么那么难！

姑且不论招生看家长学历的行为对不对，为什么学校会如此在乎家长的学历呢？

家长的差异会给孩子带来什么样的差别

社会发展到一定阶段就会出现马太效应，即强者越强、弱者越弱的现象，广泛应用于社会心理学、教育、金融以及科学等领域。马太效应反映的社会现象是两极分化，富的更富，穷的更穷。

《中国青年报》一篇报道用统计数据和抽样调查披露了“骨感的现实”：一个孩子能否进名校，并不仅靠他的努力，还要靠他的家庭背景决定他能接触到多少资源，这些决定了他的学习环境，决定了他上的小学、初中、高中，也决定了他的眼界和见识。

哈佛大学2021届新生背景的调查包括学术、生活及家庭情况，结果被发布在校报上。数据显示，近30%新生的父母或亲戚都曾是哈佛校友，46%的新生来自超级富豪家庭。

清华大学教授对新生的背景调查也发现，越来越多的清华学生来自富裕家庭，“家庭背景决定了学生接触的资源、学习环境、眼界和见识……你来到清华，不仅是因为你努力，更是因为你有了上述这些东西”。

哈佛大学教授帕特南在《我们的孩子》一书中，深度研究了不同家庭孩子在成长过程中所经历的全方位差距。资源好的父母有更多时间陪伴孩子，给予引导，提供资源；而资源差的父母不仅在经济上存在问题，在孩子成长过程中也无法给予全面的关爱，甚至让孩子在隔代教养的环境中长大。

综上来看，一个人的家庭环境会对孩子产生巨大的影响，决定孩子走得更高的，不仅是孩子努力的程度，还有家庭环境，包括父母的教育理念、能力、视野及能够为教育付出的时间、金钱，以及能接触到的资源。

这是否意味着普通家庭的孩子就没有光明的未来？

答案是否定的。

《2016年中国高考状元调查报告》对1952—2015年中国大陆、中国香港和中国台湾3000多名省级高考状元展开追踪调查。报告显示，状元家庭的父母拥有不同的职业分布，说明无论父母处于什么阶层，都有孩子能够脱颖而出（见图4-3）。

家庭“好”的概念不仅是指父母学历高、收入高，若父母能够保持足够的学习和开放心态，掌握软技能，孩子也可以像资源好的孩子一样赢在未来。

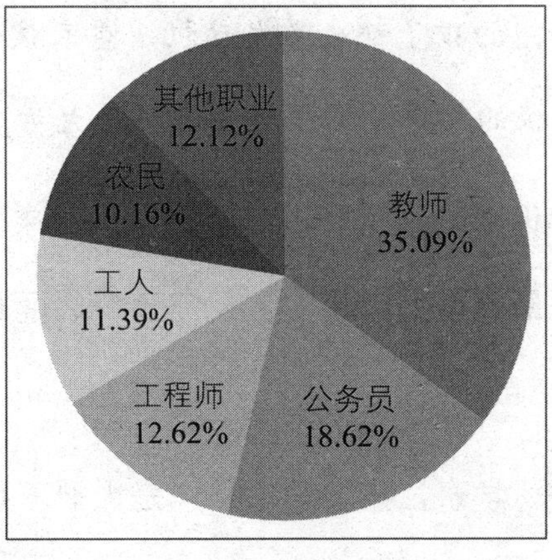

图4-3　2007—2016年中国高考状元父母职业统计

资料来源：《2016年中国高考状元调查报告》。

要拼孩子，先拼父母

你的圈层决定孩子的高度

我曾邀请一位知名校长担任TEDX的演讲嘉宾，演讲主题是“科技与教育”。那次演讲的九位嘉宾分别来自科技和教育领域，目的是想让更多家庭了解科技发展和人才需求之间的关系。作为资深教育人士，这位校长是如何看待社会变化和孩子的教育规划呢?

他说：“在我们那个年代，填志愿的时候只知道五个职业，所以我选择当老师，等我出来工作才发现社会上还有这么多职业，如果我早点知道，也许我会尝试其他的职业。”

潘爸爸有个从小一起长大的朋友，他是中国人工智能领域赫赫有名的科学家和企业家。这位朋友只要去成都，就会去见潘爸爸。潘家孩子很小的时候就认识他。不知道从什么时候开始，孩子就想成为像他一样的科学家，想去中科大读书。而要考上中科大，首先要考上当地最好的初中才有希望。每个心中有梦想的孩子都自带发动机。潘家孩子开始努力学习，终于如愿以偿地进入心仪的初中，离中科大近了一大步。

你的圈层在悄然地影响孩子。谈笑有鸿儒，往来无白丁。耳濡目染的力量从古流传至今，最典型的就是“孟母三迁”，孟母要寻找对孩子有正向影响的环境。

经常往来的都是科学家，孩子爱上科学是大概率事情。

经常往来的都是企业家，孩子创业是大概率事情。

经常往来的是“麻友”，结果就可想而知了。

你身边的圈层，正在不知不觉地影响着孩子对未来的思考和探索。

强父母造平台，弱父母跟平台

在《穷爸爸，富爸爸》一书中有两个爸爸。

亲生爸爸是高学历的教育官员，另一个是好朋友的爸爸——一位高中没毕业却善于投资理财的企业家。孩子遵从亲生爸爸为他设计的人生道路：上大学、服兵役、参加越战，走过了平凡的人生初期。而好朋友的爸爸对人生有截然不同的观点，对孩子的影响非常大，最后带领孩子改变职业赛道，进入商界发展。

父母的平台影响着孩子的未来选择。

有两对夫妇来找我咨询对孩子专业的选择：孩子分别在新加坡和德国上高中，正是选择专业的关键时期。咨询在具有浓厚学术气息的大学咖啡厅展开，充满了咖啡香味的环境让孩子们变得很放松，逐渐打开自己，谈话整整持续了五个多小时。

女孩很乖，恬静得让人容易忽略她。她学习成绩好、性格乖巧，一看就是“别人家的孩子”。父母是公司高级管理人员，女孩的梦想却是成为医生。当孩子产生和父母职业不一致的梦想时，一定是父母身边的环境中有更强的影响力存在。在探寻她梦想的成因时我发现，因为父母平时比较严厉，女孩和当医生的小姨比较亲近，因为喜欢小姨，就想成为小姨一样的人，这就是典型的梦想起缘是来自家庭成员的案例。

在仔细询问女孩是否了解其他发展方向时我发现，她不知道还有什么可以选择的，她的生活方式非常简单——标准的两点一线，导致她对社会知之甚少，也不愿意尝试其他机会。

男孩明显就活跃得多，他期望未来开线上和线下同时经营的连锁超市，在高中期间他就开始关注这方面的信息了。他的梦想源自父母，父母经营一家公司，期望孩子能够成为优秀的企业家。父亲给自己和孩子各制订了一个计划，父亲说："我很有意识地去结交比我厉害的企业家，每个月我都会带孩子去拜访一位，向他们请教经营的诀窍和思路，不仅提升自己，而且想让孩子向这些优秀企业家学习。"

这两家是世交，关系很好，孩子们是从小一起玩到大的伙伴，又曾在同一所小学和同一所中学学习，梦想的差别却是由于父母或父母创建的不同的平台。

因为工作关系，我接触了很多职场人士和企业家，他们关注的方向、参加的活动都有差别，职场人士更关注知识的技能，喜欢参加行业内的专业会议，喜欢关注行业内新闻，同质的朋友较多，手机通信录里大部分是同行、同事、亲戚、朋友。

企业家关注经营方面的信息，喜欢参加各种行业的会议，积极主动地参加各种必要的社交活动，关注与商业有关的各类信息，喜欢结交各类朋友，手机通讯录里是从事各行各业的人。

人际交往中有一个"吸引力法则"，指当思想集中在某一领域的时候，跟这个领域相关的人、事、物就会被它吸引而来。生命中所发生的一切看似偶然，实际上都是被你吸引来的必然集合。当你想为孩子创造优秀的平台时，你所做的一切自然就会吸引更多优秀的人。

强父母会为孩子创造平台，他们不断突破舒适区，通过自己的努力吸引更多对孩子有影响的力量，让家庭内部和外部环境形成教育合力。

投钱还是投时间？我觉得你还是投自己

《人民日报》曾在“教育改革要从家庭教育开始”一文中提出家长层次论：

第一层次：舍得给孩子花钱；

第二层次：舍得为孩子花时间；

第三层次：家长开始思考教育的目标问题；

第四层次：家长为了教育孩子而提升和完善自己；

第五层次：父母尽己所能支持鼓励孩子成为最好的自己，也以身作则支持孩子成为真正的自己。

花钱，其实是父母最基本的责任和义务，也是投资孩子的最低层级

父母是原件，孩子是复印件，高质量的原件才会有高质量的复印件，但通常情况下，一旦孩子出现问题，父母最先考虑的是花钱送“复印件”去学习。

有的父母问我：“我家孩子习惯不好，好着急啊，有没有专门辅导习惯的地方？”我说：“如果不是知识类的问题，那么需要学习的是你而不是孩子。”然后家长却没有下文了。

总是期盼孩子爱学习的家长，却患上了“厌学”的集体病症。身教胜于言传的父母寥寥可数，因为言传是把自己置身于要求之外，动嘴即可；身教必须让自己投身于要求之内，做到言行一致。要求别人永远是容易的，要求自己总是很难，“原件”做不到，如何要求“复印件”做到呢?

能用钱解决的问题都不是大问题，真正的大问题往往是钱解决不了的，无论学历高低、财富多少，高质量的父母往往都在为孩子成长。

你的舒适区，也许是孩子的灾难区

在品格和价值观的培养上，“原件”和“复印件”的传承关系尤为明显，效仿往往是建立在身教的基础上。

有位来自宜宾的妈妈非常优秀，艰苦的创业经历不仅锻炼了她，也深深地影响了她的一对儿女。

在一次分享中，她讲起了自己的故事。有一天她去贵州处理工作，过程非常不顺利，恰好那天又是她的生日，凌晨3点多，她边喝着酒边想着怎么处理棘手的工作，想起多年创业的不易，不禁泪流满面。正在上大学的女儿恰好也在分享现场，女儿说：“我妈妈非常优秀，非常坚强，当我觉得自己学习坚持不下去的时候，就会想起妈妈，她都那么努力，我又怎么能够放弃。”

每次学习，她都会带着儿女一起参加，认真记笔记。如果培训地点合适，她会带着儿女凌晨4点出发，学完再回去；如果是她单独学习，回家后她都要进行整理，再和孩子们分享。在她的带动下，孩子们也爱上了学习，这种学习的状态对他们家来说已经是常态。

这次她也是带着孩子们一起参加分享活动的，只是这次她是分享主角。女儿的表现让在场的父母们非常羡慕——坚强的品格、清晰的思路、坚定的目标、超强的生存能力，还有善解人意的行为，几乎和妈妈一模一样。

阻止孩子迈向优秀的原因往往是父母无法跨出舒适区。

为了锻炼孩子们的社会生存能力，我设计了烘焙店的店员职业体验项目，专门安排在暑假下午2:30~5:30开展，当时室外温度在35℃以上。会有什么样的家庭冒着酷暑来接受这样的挑战呢?

参与项目的条件是家长全程陪同。报名时，很多家长很犹豫，第一是怕孩子吃苦，第二是怕自己受不了。即使孩子期望参加，父母选择放弃的也很多。

同样的情况也出现在“青少年集市”上，有一次“集市”安排在元旦，当天气温较低，有的父母就建议“集市”在风和日丽的天气举办：“太冷了，如果孩子想参加，我就报名；但如果一定要家长也陪同，我就放弃。”

你期望孩子吃苦耐劳，自己却无法走出舒适区。

当有一天你抱怨孩子不能吃苦和坚持、不能受一点委屈的时候，回头看看自己当年培养孩子的行为，一定能找到原因。

很多时候，不是孩子不行，而是家长不行。

期望孩子爱上学习，自己却舒舒服服地追剧；

期望孩子吃苦耐劳，自己却吃不了苦；

期望孩子做事坚持，自己做事却三天打鱼，两天晒网。

很多人都喜欢生活在舒适区，做熟悉的工作，结交喜欢的人，做自己喜欢的事情。“我不会”“好复杂”“学不来”“我们家情况不一样”等都是不想走出舒适区的借口。走出舒适区意味着改变，要重新适应新的工作和生活状态，要学习新的技能，要不断投入时间和精力。好逸恶劳是人之天性，父母和孩子都一样，你若愿意改变，孩子自然也改变。

孩子未来的世界将会是全新的世界，这个世界需要父母和孩子共同努力打造。别让混在低级舒适区的自己毁掉孩子的人生！你要走出舒适区，更好地接纳社会的变化。你的高度是孩子的起点，你的成长速度是孩子成长的有力支持。

你下班后的时间，决定孩子的一生

上班的父母都一样，下班后才是你拉开和别人家父母差距的时间。

上班很忙，下班很累，忙完家务就很疲惫了，都是“上有老、下有小”的年龄，谁也没有比谁轻松多少。下班时间，父母不同的行为就是孩子产生差别的开始。

同一时间，有的父母打开了电脑，有的父母打开了电视机。

有的父母在看书，有的父母在玩手机。

有的父母在上课，有的父母在看小说。

都是坐在孩子身边，有的父母刷着手机，有的父母捧着书。

有的父母再忙都拼命挤时间学习成长、陪孩子；有的父母只是出现在孩子身边而已。

有的父母没有条件创造条件也要学习，有的父母千方百计寻找借口逃避学习。

别抱怨社会的不公，差距就是这样产生的。

吉田穗波，3 个孩子的妈妈，妇产科医生，每天重复着朝九晚五的工作，是一个普通得不能再普通的上班一族。

她有一个梦想，就是能在有生之年进入哈佛大学深造。一个每天工作 8 小时的上班族，每天还有 3 小时要花费在上下班、去幼儿园的路上，下班后还要照顾 3 个孩子，你认为这样一位母亲，需要多久才能实现自己的梦想?

就在这样的条件下，吉田穗波决定在半年之内获得哈佛大学的录取通知书，这是不小的挑战。吉田穗波说："人生只有一次，如果什么事情都一件一件来，哪里来得及？时间不够就去挤！""虽然一天 24 小时的长度没办法改变，但是可以提高使用效率。"

在全家人的支持下，她一边工作，一边照顾家庭，把时间规划到了极致：每天很早就把孩子哄睡，在凌晨三点准时起床学习，不浪费一秒钟的时间，工作、学习都没耽搁。

半年过去了，她如愿以偿地收到了哈佛大学的入学通知书。

吉田穗波说："不是因为某件事很难，你才不想做，而是因为你不想做，才让这件事变得很难。"

教育从来不是拼运气，父母努力一天，孩子就前进一步；父母努力一个月，孩子就前进一大步；父母努力十年，孩子就成长为梦想中的孩子。换成流行的“鸡汤体”来说，上帝早就给父母的努力标上了价格，最后都会在孩子身上兑现。

远见思维，让孩子跳出家庭现有阶层。

你寻找的稳定，其实不存在！

父辈的奋斗时代已经过去，我们的奋斗时代也即将过去，不管你乐不乐意，随着科技发展，我们所处的时代和孩子们将要迎来的时代截然不同，到那时，任何岗位、任何人都可能被随时取代。国家需要发展，企业需要发展，组织为了保持竞争力会实行优胜劣汰。

2019年，对于许多知名公司来说是艰难的一年，为求自保不得不降低人力成本。

数据库巨头甲骨文公司中国区裁员1600人。

美国拥有132年历史的零售业鼻祖西尔斯申请破产保护，8万人面临失业。

全球各地银行宣布的裁员总数约73 400人，其中德意志银行宣布裁员1.8万人；意大利最大的商业银行——裕信银行宣布裁员8 000人；美国投资银行摩根士丹利宣布全球裁员1 500人；日本瑞穗金融集团计划到2026年末，削减包括临时工在内的1.9万人。

全球头部车企至少已宣布裁员10万人。奥迪宣布计划在2025年前在德国裁员9500人，戴姆勒则宣布计划全球裁员逾1万人。

……

这只是经济变化下的一个缩影，平台都不稳定，何谈稳定的岗位呢?

有调查数据显示，世界500强企业的平均寿命是40年，而中国人的平均寿命是男性74岁、女性77岁（根据世界卫生组织2015年版《世界卫生统计》报告）。这就导致人还活着，公司却没了。在经济潮起潮落中，曾经看似稳定的行业或岗位，正逐渐被取代，甚至消亡。

在知识密集的大学也是如此，根据教育部公布的2018年度普通高等学校本科专业备案和审批结果，增设大学本科专业2072个，同时也撤销了部分不符合学校办学定位和特色的大学本科专业416个。

在撤销的416个大学本科专业中，有5所大学被撤销的专业达到或超过了10个。按照被撤销本科专业数量从多到少的顺序排列，这5所大学分别是：中国传媒大学（15个）、东华理工大学长江学院（15个）、云南大学（14个）、浙江大学（10个）、江西农业大学（10个），5所大学共计被撤销大学本科专业64个，占2019年被撤销大学本科专业的15.38%。

变革直接影响着这些教授的下一步职业发展，至于他们能否胜任新设专业的授课工作，要视他们学习能力而定。

变革的潮水来临时，我们根本无法改变潮水的方向，所能做的，唯有让自己具备游泳求生的能力，降低被潮水淹没的风险。

对国家而言，提升国家竞争力才有稳定的未来；

对企业而言，提升社会竞争力才有稳定的未来；

对个人而言，提升自我迭代能力才有稳定的未来。

如果想让孩子拥有真正的稳定生活，就必须让孩子跟上世界的变化速度，具有强大的底层操作系统。

不同阶层对人有不同的能力需求

“物以类聚，人以群分”，这句话可以一分为二来看，一种解释是我们在寻找和自己认知一致的人；另一种解释是我们正被高度同质化，难以跳出圈层思维。

曾任美国社会学会主席的宾夕法尼亚大学教授安妮特·拉鲁，在其代表作《不平等的童年》中揭示了不同社会地位家庭的教养方式差异。她发现，中产阶级家庭和工人阶级或贫困家庭的教养方式截然不同。中产阶级家长通常对孩子进行“协作培养”，他们与孩子之间的沟通方式主要是大量讲道理和协商；而工人阶级或贫困家庭则采用“自然成长”的逻辑开展教养，他们与孩子之间不会像中产阶级家庭那样存在那么多言语沟通。

不同阶层的人，培养孩子的方式不同。如果家庭周边环境高度同质化，对孩子的培养也会同质化。而不同的社会阶层，对人的能力体系要求是不同的。

孩子未来想去什么象限和阶层？

按照人的收入来源及工作性质，人们可归属于ESBI四个象限。

E象限代表员工。通过为别人或为一家公司工作而赚钱，获取固定薪水，如总经理、总监、普通员工等。

S象限代表自由职业者。为自己工作，并通过自己的劳动获取收入，如自由撰稿人、手工艺人、作家、咨询顾问、自由讲师等。

B象限代表企业家。拥有一个企业来为他工作。

I象限代表投资家。用钱赚钱，让钱为他们工作。

ESBI各象限对人员的思维模式和能力需求不同。如果家长期望孩子未来成为E象限内的高级管理人员，要考虑孩子是否具备战略意识、团队管理能力、商业思维等关键能力；要进入B、I象限，就要考虑孩子是否具备商业禀赋；而想进入S象限，则要考虑孩子是否拥有专业技能和商业思维。

一个人可能同时活跃在多个象限，比如既是员工，又是兼职的自由职业者。

家庭为孩子所做的规划，最终都会将他们匹配到ESBI象限中。在上文谈到的案例中，来咨询的两个孩子因为接触了不同的环境，最终女孩计划进入E（员工）象限，男孩则计划进入B（企业家）象限。

父母思维带来阶层差异。

英国BBC纪录片《62UP》完整记录了14个不同阶层孩子的成长过程，每7年记录一次，从7岁一直到62岁。从纪录片中可以看到家庭对孩子一生的影响。从小时候的梦想、成长中的学业选择、毕业后的工作选择、对感情和婚姻的期待与经营、选择生几个孩子及对孩子的期待到中年后的人生感悟——各方面的差异，让孩子在人生关键时刻做出不同的选择，进而产生两极分化。

从7岁开始，孩子间的差别就已经显现。家庭资源好的孩子，从小就知道自己的道路是进入重点中学，进入顶尖学府，成为像父母一样的精英人士。他们每天有规律地作息，经常阅读《金融报》《泰晤士报》等财经类的读物。而家庭资源差的孩子，每天也读书、学习，但对自己未来的规划毫无头绪，女孩谈论的话题都是男孩和幻想。

最终这14个孩子几乎都维持在父母原有的阶层。中产阶级出身的孩子，长大后仍然过着较为富裕的生活，出身较差的孩子则止于平庸，艰难度日。唯一逆袭的孩子是因为喜欢读书，又遇到了鼓励他的老师，找到了自己的梦想，最后考上了牛津大学物理学系，才改变了自己的命运。

影片末尾有这样一句话：看到一个孩子7岁的样子，就能够刻画出他们长大后的样子。

在我做过规划的家庭中，父母有银行VIP客户、企业家、高级金领、白领、普通职场人等，各种父母对孩子进入ESBI象限的设想不一样，于是给孩子选择的培训方式、学校和专业也不一样。

很多企业家父母已开始从小培养孩子的商业思维，他们会带着孩子参与项目谈判、参加商业活动、听创业人士分享经验、读金融或哲学类书籍、参加培训等。哪怕是小店主家庭，孩子看父母进货、卖货，也是进行商业启蒙培训，在日常生活中不知不觉地影响孩子。

在自由职业象限中，曲艺世家、手工艺人等特殊行业是传统的师带徒模式，父母如果想让孩子去S象限，从小学手艺，具备专长，早日形成竞争壁垒。

原生家庭的差异，通过时间的复利作用，会使孩子在成年后拉开更大的差距。

绝大部分家庭在培养E象限的孩子。

考个好大学，找个好工作，过上幸福生活，这是典型的E象限思维。

我在很多高中学校做分享时，就ESBI意向做过现场调查，大约40%的孩子想成为自由职业者，约20%的孩子想成为企业家或者投资家。若父母按E象限思维培养孩子，而孩子最终的梦想却在S象限，就会形成前期准备和梦想不匹配的局面。

父母前期越清楚孩子想定位在哪个象限，就越可以提前做好培养计划，让孩子抓住人生机遇，实现目标。

请安静地坐下来，思考图4-4提出的问题，思考孩子的象限轨迹应该怎么走。

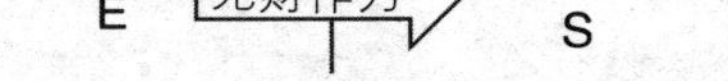

区间	注解
E	员工
S	自由职业者
B	企业家
I	投资家

思考：培养哪个区间的孩子？

变化
能力
时间分配
支持行动

图4-4　孩子未来培养区间定位

请思考这四个问题：

1．这些区间会发生什么变化？

2．在这些区间需要什么能力？

3．给孩子制定怎样的时间分配原则？

4．家庭教育能给孩子提供哪些支持？

想透这四个问题，孩子的培养方向基本就能确定了（见表4-6）。

表4-6　ESBI四象限能力准备一览

象限	核心需求能力
E（员工）	生存能力：专业能力 发展能力：团队合作、领导力、销售、服务等能力
S（自由职业者）	专长：不依靠团队的专业能力 发展能力：销售、服务、沟通、市场营销等能力 财务准备：有一定财力支持
B（企业家）	商业能力：敏锐的商业思维、识别市场机会、产品意识等 管理能力：运营、财务、项目管理、团队管理等能力 财务准备：具有较雄厚的财力支持
I（投资家）	商业能力：商业思维、分析能力、数据逻辑能力、综合信息整合能力等 管理能力：项目管理、团队管理、财务等能力 财务准备：具有较雄厚的财力支持

结合企业的人才需求，将帮助你更好地了解社会对人的能力要求，图4-5是一家世界500强公司的“企业人才需求”图，显示企业对不同层级员工能力的需求。

图4-5　企业人才需求

短时间能够看透教育本质的父母，和一辈子都看不清教育本质的父母，他们的孩子注定会有截然不同的命运。

父母评估五力模型

孩子的差别源于父母的差别，无论身处哪个阶层，都有孩子冲破或者跌出父母所在阶层。如果说孩子在求学阶段是通过考试来进行分层的，那么父母又是通过什么来分层的呢？表4-7将帮助你进行自我评估。

表4-7　父母五力评估

请根据自己的情况进行评分，满分10分										
维度	1	2	3	4	5	6	7	8	9	10
眼界										
关注社会发展趋势：经常关注PEST类的新闻	□	□	□	□	□	□	□	□	□	□
对未来发展的看法：能够分析发展对国家和个人的影响	□	□	□	□	□	□	□	□	□	□

续表

维度	1	2	3	4	5	6	7	8	9	10
知识										
学历	□	□	□	□	□	□	□	□	□	□
我是所在行业的专家	□	□	□	□	□	□	□	□	□	□
喜欢阅读，并保持一定的阅读量	□	□	□	□	□	□	□	□	□	□
已储备了指导孩子未来发展的知识	□	□	□	□	□	□	□	□	□	□
能力										
具备分析社会发展趋势的能力	□	□	□	□	□	□	□	□	□	□
有良好的沟通技巧	□	□	□	□	□	□	□	□	□	□
有为孩子设计项目的能力	□	□	□	□	□	□	□	□	□	□
态度										
给孩子更多决策权	□	□	□	□	□	□	□	□	□	□
鼓励孩子尝试新事物	□	□	□	□	□	□	□	□	□	□
经常和孩子交流社会发展，如新闻、科技发展等	□	□	□	□	□	□	□	□	□	□
愿意为孩子提升自我：读书、参加专业学习、专业会议、交流等	□	□	□	□	□	□	□	□	□	□
资源										
有不同圈层的朋友，如企业家、高级管理、各类专家等	□	□	□	□	□	□	□	□	□	□
有跨行业的朋友：和自己不同行业，如热门行业、科技行业等	□	□	□	□	□	□	□	□	□	□

续表

维度	1	2	3	4	5	6	7	8	9	10
有机会参加各种高级别活动，如行业会议、论坛、沙龙等	□	□	□	□	□	□	□	□	□	□
带孩子参加各类活动	□	□	□	□	□	□	□	□	□	□
财务储备程度良好	□	□	□	□	□	□	□	□	□	□
有充足的时间培养孩子	□	□	□	□	□	□	□	□	□	□

要想让自己的孩子拼得过别人家的孩子，先让自己拼得过别人家的父母。

思考孩子的定位

建立对孩子的认知

你的孩子是“牛娃”还是“普娃”？

清晰认识自己的孩子是“牛娃”还是“普娃”，是教育规划的第一步。

越是普通孩子，父母越要思考孩子如何发展，因为接受孩子的平凡，并不意味着放弃努力。世间很美好，值得全家共同去努力。

几年前，我给一家投行做人才战略管理咨询，员工中有很多知名院校的“海归”，有位来自耶鲁大学的硕士毕业生给我留下了深刻印象。我问她：“你为什么来这个城市工作？”她回答：“现在海归到处都是，毕业于排名靠前的‘藤校’现在还有优势，但想进入好公司竞争也大。在这个城市，我就有优势，能获得比别人更好的机会。”

好聪明的女孩！在求职的竞争策略中，她采用了典型的“降维打击”，让自己获得竞争优势。

了解孩子的竞争对手

“知己知彼，百战不殆。”首先要清楚孩子到底在和谁竞争，和“牛娃”还是“普娃”，只有知道竞争对手是谁，才能有的放矢地设计培养战略。

竞争战略之父迈克尔·波特提出的“波特五力模型”可以帮助你更好地了解竞争对手的情况。他认为，在行业中存在着决定竞争规模和程度的五种力量，这五种力量综合起来影响着产业的吸引力以及现有企业的竞争战略决策。

孩子就是你的“教育产品”，作为“产品经理”的你，要根据20年后的人才市场情况，来考虑如何设计培养一款“抢手产品”（孩子）。你要预判未来市场需要什么产品（培养定位）、市场的产品需求量（人才需求量）、产品（孩子）会不会被其他竞争对手（别人家的孩子）取代（淘汰），分析完这些要素后，再来思考产品设计（具体培养方向），这就是产品经理的思路。

培养孩子就是产品设计开发的过程，生产出来的产品是畅销还是滞销，前期的调研和定位很关键。

产品竞争力和五大要素相关：潜在竞争者、同行竞争者、替代者、供应商和购买者（见图4-6）。

图4-6　波特五力模型

1．供应商的议价能力

可理解为孩子的价值度，和企业的薪酬议价能力。

在华为，有的博士年收入是200万元，有的只是普通薪酬。同样是博士，高薪博士拥有的核心研究成果，才是华为支付高薪的理由。

世界上从来没有无缘无故的高薪，要想获得高议价能力，就需让自己具备议价的价值。

对以下问题，你的回答是“是”还是“否”？

孩子是否具备获得高薪的能力?

具不具备企业需要的核心能力?

是否拥有企业急需的知识储备?

有没有什么经验或特长?

能不能帮企业解决一般人解决不了的问题?

是不是市场上独一无二的?

如果以上答案大部分为是，恭喜你，孩子具备竞争力优势!

2．购买者的议价能力

可理解为企业的人才需求影响孩子的就业前景。

供需关系决定人才价值。互联网行业的蓬勃发展，拉动了互联网人才需求。早期计算机专业人员享有行业带来的红利，就业选择面广、薪酬高、选择权大。随着计算机专业人才的增加，人才供需市场发生了变化。

2019年，因经济及政策的变化，头部科技公司在优化人员结构，减少招聘量，很多中小科技企业也在缩小规模或倒闭，地区性人才需求量出现下降。面对大量的计算机专业毕业生，企业显然拥有更多的议价能力。

3．潜在竞争者进入的能力

即孩子所从事行业的潜在竞争者进入的难度。

岗位要求越低，潜在竞争者就越多，岗位可替代性大，风险高。对专业技能的要求是岗位竞争力的壁垒，低技能岗位属于高风险岗位，如服务业、助理类、行政类、操作工等。

优秀人才在一轮轮地成长，企业在一轮轮地淘汰人，总会有人比你更年轻、更有活力，总会有人的薪资要求比你低。潜在竞争者越多，对孩子冲击越大。

4．替代者的替代能力

替代者是职业中最可怕的竞争者。

如果说潜在竞争者带来是的压力，替代者带来的却是灾难，替代意味着岗位的消失。

机械臂替代了流水线工人，微信正在替代电话，电子货币结算替代了收银员，ETC替代了人工收费员，语言翻译器替代了导游、翻译。科技替代是不可逆现象，是岗位消失的主要原因。

要想不被替代，自我迭代学习能力很重要。

5．现有竞争者的竞争能力

现有竞争者的竞争是同质化之下的竞争，是直接对比的竞争，既不可避免，也无法回避。

现有竞争者既拼实力，又拼差异化。竞争者来自同学、同事、同岗人员，他们分布在各处，可能在同一个地方，更多的却是在其他地方。你想去的平台越好，面对的竞争对手就越强。

学习的竞争，一般是在同班、同校、同市、同省竞争，但如果要考硕士和博士，就面临全国性的竞争。

顶级公司的招聘是全球招聘。在哈佛大学，经常能看到优秀企业的招聘信息，这意味着，岗位竞争是全球精英之间的竞争，对手之强可想而知。

无论孩子是“牛娃”还是“普娃”，你要清楚地知道孩子未来会去哪些领域，和谁竞争。孩子总会在某个领域具有自己的竞争力，规划就是帮助家庭找到适合孩子的竞争领域和策略。

找到孩子的竞争策略

木桶理论和长板理论

竞争优势是相对的，定位很重要，所在领域和竞争者决定孩子的竞争优势。

时间是有限的，是让孩子把时间放在发挥优势上还是提升短板上？你面临木桶理论和长板理论的选择。

木桶理论也被称为短板理论，指一只木桶的容量，取决于桶最短的那块木板。因此有人认为，在激烈的竞争中应该去弥补短板和弱项。

将木桶理论应用在教育上效果非常明显。在“以分数定生死”的背景下，偏科的学生比较吃亏，每科分数就是高考木桶的每块木板，任何一门学科不好，孩子都会失去上好大学的机会，学科短板限制了孩子高考能达到的高度。

长板理论指人将长处发挥到极致就会处于相对优势。伟大的人也有弱点，普通的人也有优点，长板理论常被用在提升竞争优势上。

现代社会中，具有某项特长将让你在发展中获得更多机会。

苏晓燕是一位青少年未来规划梦想导师。她分享过一个经典案例：她的摄影师朋友小学毕业后就没有再上学，因为特别喜欢摄影，一直在钻研。经过多年的不断努力，现已成为国际上颇有名气的摄影师，为很多奢侈品及著名演员拍摄大片，身价不菲。

美国著名行为学家杰克·豪尔在题为《从自己的专长着手打造成功》

的报告中指出：“人与人之间的竞争，不是智商的比赛，而是不同专长的比赛，或者说各自在专长方面显示的能力如何。成功者都是因为在专长上充分施展了自己的优势。如果一个人能在自己的专长上发挥86%的能力指数，那么他就可以获得成功了。”

随着高考选拔体系的改革，进入大学的途径增加到大约16种，如作为艺体生、高水平艺术团团员、运动员，综合评价等。2020年教育部提出的“强基计划”也是为了选拔综合素质优秀或基础学科拔尖的孩子，重点在数学、物理、化学、生物及历史、哲学、古文字学等相关专业招生。高考改革正在给有特长的孩子提供更多的机会，长板理论开始在教育体系中发挥作用。

在社会上，成功的机会也要依靠长板理论，总有一个特长可以让孩子在特定的群体中崭露头角，如擅长写作、摄影、演讲、销售、烹饪、手工、表演、运动、编程，等等。在这个人人都是自媒体的时代，专长让孩子都有展示自己的舞台。

在孩子早期发展中，花同样的时间和精力，是去补短板，还是利用时间优势造长板，是家庭制定孩子竞争策略时要考虑的原则。

竞争优势策略

2019年，深圳高薪招聘小学教师的新闻上了网络热搜。招聘信息来源于深圳市龙华区教育局，面向2020届应届毕业生，给出的薪酬是本科生年薪26万元以上，研究生年薪28万元以上，全日制博士生直接奖励20万元，其中有一条“非师范专业，无教师资格证的人也可报考”，直接打破了行业门槛限制。

高薪加稳定，这种工作机会势必会吸引诸多现有和潜在的竞争者。

据深圳市教育局官方数据显示：报考人数达到3.5万，入围491人，录取率为72：1。

入围的应聘者大部分毕业于国内外一流大学，本、硕就读院校是双一流大学的比例近45%，世界排名前100名大学的毕业生比例超过10%，其中毕业于国内前十名大学的近160人，含清华大学28人、北京大学48人（见表4-8）。

表4-8　深圳市龙华区教育局2020年应届毕业生招聘国内排名前十的大学通过人数

大学名称	人数
北京大学	48
清华大学	28
武汉大学	22
中山大学	16
中国人民大学	15
南京大学	10
复旦大学	7
浙江大学	6
中国科学技术大学	5
上海交通大学	3

入围人数最多的师范类院校，前五所分别是：北京师范大学、东北师范大学、华中师范大学、华东师范大学、华南师范大学，入围人数只有141人（见表4-9）。

表4-9　深圳市龙华区教育局2020年应届毕业生招聘通过人数最多的前五所师范类院校

大学名称	人数
北京师范大学	54
东北师范大学	27
华中师范大学	24
华东师范大学	21
华南师范大学	15

这是一个标准的人才跨界“打劫”的案例，当没有行业壁垒的阻挡后，其他竞争者就会蜂拥而至，挤占资源，加剧竞争激烈程度。

在教育行业的人才招聘中，ASK维度中的知识成为重要的评估要素，这在此次招聘中展示得淋漓尽致，充分显示了努力学习仍是获得优质机会的重要前提。

如果孩子是“普娃”，如何找到自己的竞争策略呢?

世界给每个人都留了路，规划就是在找出路。

迈克尔·波特根据五种竞争力量，在《竞争优势》一书中提出三种通用的竞争优势策略。

1．总成本领先战略

同等情况下，你比别人的用工成本低，就容易具有领先优势。

一家普通公司招聘普通岗位，如果通过的三位候选人条件都差不多，但有人对薪酬期望高一点，有人低一点，在不考虑岗位发展潜力和公司薪酬体系的情况下，大部分决策者初期会考虑录用薪酬要求较低的候选人，后期再进行调整。

2．差异化战略

价值增值是差异化优势比拼的结果，孩子需要比别人有更多的差异化能力。

一个人懂点科技，大概有60分的水平，又懂一些教育，大概有70分的水平，他可能在研发领域竞争力偏弱，但如果让他到教育界当老师，教授科技类的课程，可能他的竞争力反而会达到80分。

一位IT程序员，写程序能力一般，但擅长沟通，单纯做一个程序员最多只能胜任初级工作，但如果担任项目管理的工作，他就拥有专业背景加擅长沟通的优势。

世上热爱美食的人多如牛毛，喜欢写作的人也车载斗量，可是有多少人既能烧得一手好菜，又能写一手好文章呢?

一专多能，才是绝大部分人的能力标配。找到自己的差异化优势，找到特定的领域，能获得差异化的成功。

3．专业化战略

专业永远是立足的根本，在擅长的专业内不断挖掘深度，想不成功都难。

在学习领域成为“学霸”！

在研发领域成为专家！

在娱乐领域成为明星！

在运动领域成为翘楚!

在销售领域成为顶级流量!

在金融领域成为“大咖”!

精深钻研是成为专业化人才的必经之路。

在科研领域，基本上都是高学历的尖端人才，硕士是“低配”，博士才起步，要想让孩子走专业化路线，父母就要做好长线教育的准备。

在体育、演艺、相声、杂技等领域，想出人头地，同样要经过千锤百炼，“台上一分钟，台下十年功”，精彩作品的背后都有着常人难以理解的艰辛。

害怕被业余选手挑战的专业人士并不专业，真正的专业根本不怕挑战，专业领域的人早用天赋、时间和努力挖了一条深深的鸿沟，让其他人难以逾越。

“牛娃”有“牛娃”的策略，“普娃”有“普娃”的策略，世界上的路很多，找到适合你孩子的那一条。

通常来说，天赋型的孩子在专业化上有优势；普通的孩子可以在差异化上找优势；特殊情况的孩子可以选择高性价比的策略。

人的一生有不同时期，每个人都要适时调整竞争策略，找到最佳竞争策略组合。你可以选定一个主竞争策略，再辅以其他策略的灵活方式，如“总成本+专业化”“总成本+差异化”“差异化+专业化”的组合模式。孩子可以是专科生里面最懂专业的，也可以是博士生里面最懂商业运作的。你可以采用“降维打击”方法，用硕士生的能力、本科生的工资来争取机会，也可以发挥专长，用本科生的学历获得专家的待遇，总之合适最好。

每条路机会和风险并存，职业周期有长短，投入产出有差异，找到匹配孩子的竞争优势，剩下的就是用策略和时间建立竞争壁垒。

设立孩子的成长目标

《爱丽丝漫游奇境记》里有一段对话：

“请你告诉我，我该走哪条路?”爱丽丝问。

“那要看你想去哪里?”猫说。

“去哪儿无所谓。”爱丽丝说。

“那么走哪条路也就无所谓了。”猫说。

没有目标的行程，犹如没有灯塔领航的船，从任何地方吹来的风都是逆风。

爱默生曾说：“一心向着目标前进的人，整个世界都给他让路。”

只要心中有方向，无论地图新旧，最终都能到达新大陆。

以终为始思考教育目标

规划时间长度：以终为始的规划，终点设定在哪里

你为孩子的设想有多远？到大学？工作？结婚？还是终老？一心扑在上大学的培养计划只需要关注成绩即可；期望找到好工作，就需要更多地关注孩子生存和发展的能力，终点决定家庭培养计划和培养实践的总时长。

规划方向：从哪些方面思考培养规划

再多的想法都要聚焦到目标上来，用目标串起所有的教育行为，才能形成体系化的培养路径。你可以从图4-7的4个维度、10个方面来思考如何规划。

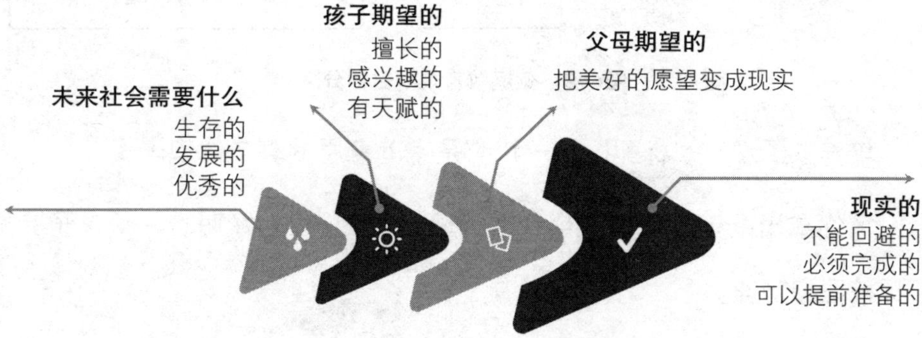

图4-7 以终为始的未来规划维度

从竞争策略、社会人才需求ASK模型来思考教育战略性目标和方向后，在培养总时长内，可依次把家庭教育规划目标分解为长期、中期和短期目标（见图4-8、图4-9）。

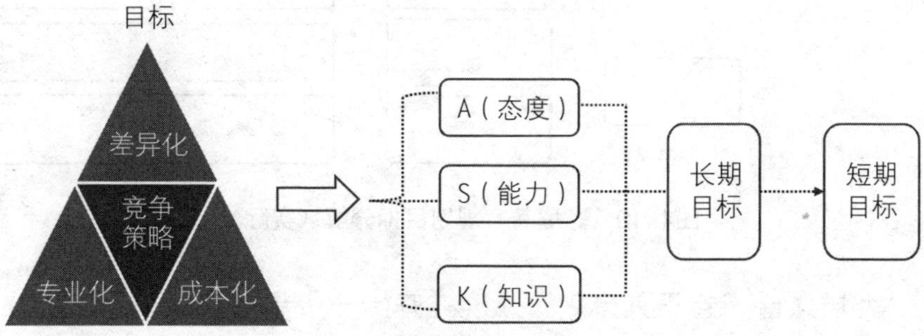

图4-8 家庭教育规划目标

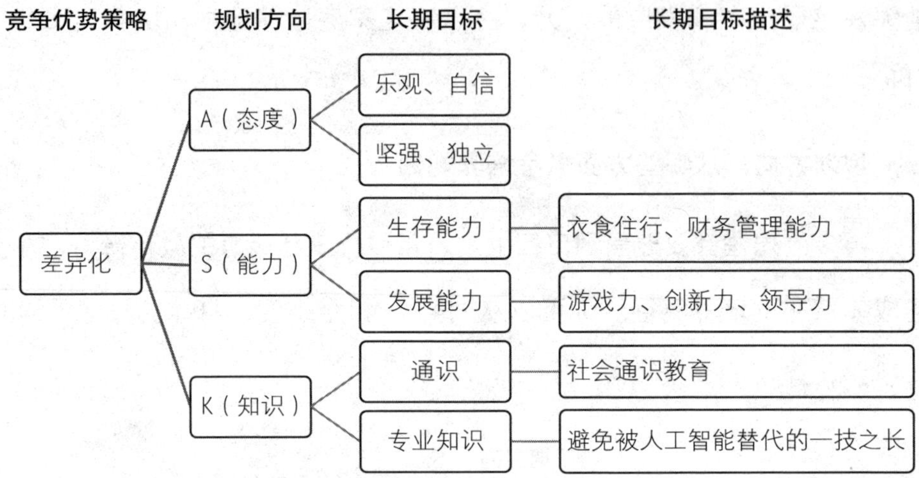

图4-9　家庭教育规划目标分解

培养孩子没有“标配”，一切都是家庭意愿的真实体现。

请你拿出纸笔，完成图4-10，逐步厘清你的美好期盼，帮孩子完成目标梳理和管理。

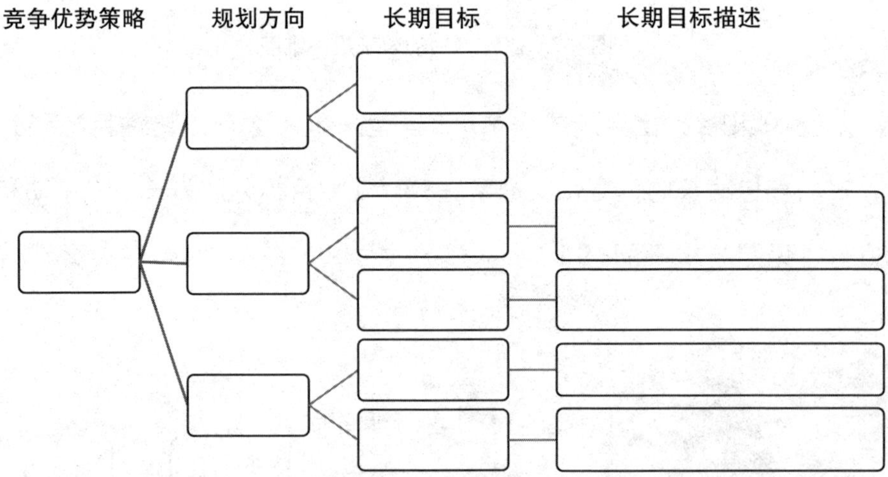

图4-10　家庭教育规划目标分解（实际）

“九层之台，起于累土。”从现在开始一步步夯实孩子的底层操作系统，让九层之台坚若磐石。

找到适合孩子成长的教育方法

孩子成长中的四种心态

孩子成长和情境发展从来不是一成不变的，你要适时调整教育方法。

行为学家保罗·赫塞博士认为，领导方式应和人的成熟程度相适应，当人渐趋成熟时，要根据他的成熟水平选择正确的领导风格以取得管理的成功。

根据态度和能力两个维度，可以把人分成四种状态。

1．有意愿、没能力：热情高涨的初学者

指愿意从事必要的任务，有积极性，但尚缺乏足够技能的人。每个孩子在学习新知识、新技能、新事物时都是热情高涨的初学者，虽然没有经验，但非常渴望学习。只要教育方式方法得当，培养会取得良好效果。

2．没能力、没意愿：憧憬幻灭的学习者

指对于干什么事情既无能力又不情愿，既不胜任又不能被信任的人。这类孩子是最让父母头痛的，如果不能得到正确的引导，容易放任自流，破罐破摔。

3．有能力、意愿低：有能力但谨慎的执行者

指有能力却不愿意干别人希望他们做的事情的人。这类孩子常说的话就是“我不想”“随便”，缺乏信心和进取心。

4．有意愿、有能力：独立自主的完成者

指既有能力又愿意做事情的人。这类孩子是父母最喜欢的类型，完全不用别人操心。

对所有热情高涨的初学者来说，他们最终进入不同区间的原因是父母的教育方法不同。转化的轨迹见图4-11。

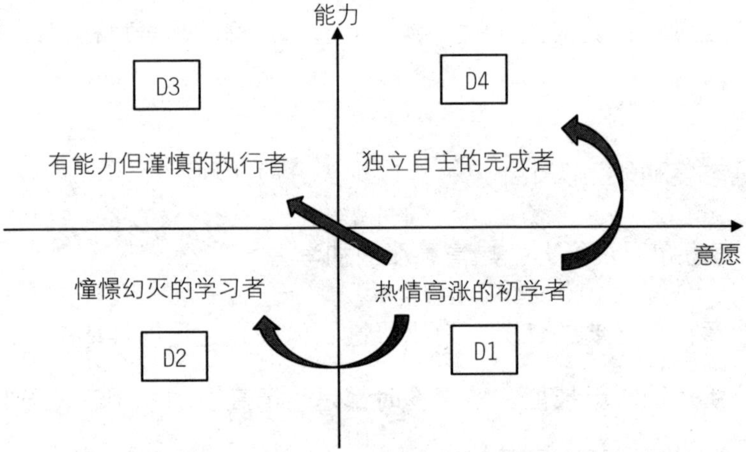

图4-11　孩子成长发展的四种心态阶段

即使在同一个时期内，孩子也会处于多种状态中。孩子刚刚进入初中，要学新知识和新技能，他既是初学者，又可能是谨慎的执行者，可能学数学时处于有意愿、没能力的区间，但学英语时却是在有能力、有意愿的区间。这个时候，父母和孩子沟通时，就要采用不同的沟通技巧。

从小到大，孩子持续在这四种状态中震荡变化，在性格和行为定型前，父母的正确引导会让孩子成为独立自主的完成者。

既然孩子在这四种心态中盘旋，根据孩子所处的区间，父母又应该使用什么样的教育模式呢？

选择和孩子匹配的教育方法

小蒋同学的学习一直很好，进入高中后，她对妈妈的意见却越来越大，母女之间时不时还有冲突发生。在小蒋和妈妈几次沟通无效后，她决定放弃跟妈妈说自己的任何想法。蒋妈妈也很苦恼，她从事科研工作，工作认真负责，一丝不苟，对孩子的培养也非常上心。随着小蒋长大，她却觉得烦心事越来越多，感觉孩子不像以前那么懂事、听话了，对自己交代的事情也很敷衍，最关键的是，上高中后，孩子变得不愿意和她再说什么了。

她不知道自己和孩子之间到底发生了什么事情，自己到底哪里做错了。

教育方法本应灵活多变，遗憾的是，

大多数的父母只会运用一种教育方法

对应孩子四种心态阶段的意愿和能力变化，教育需从支持和指导两方面来匹配，支持是指提升孩子做事的意愿，指导是指提升孩子的能力。根据支持和指导两个维度，家庭教育管理模式可分为四种（见图4-12）。

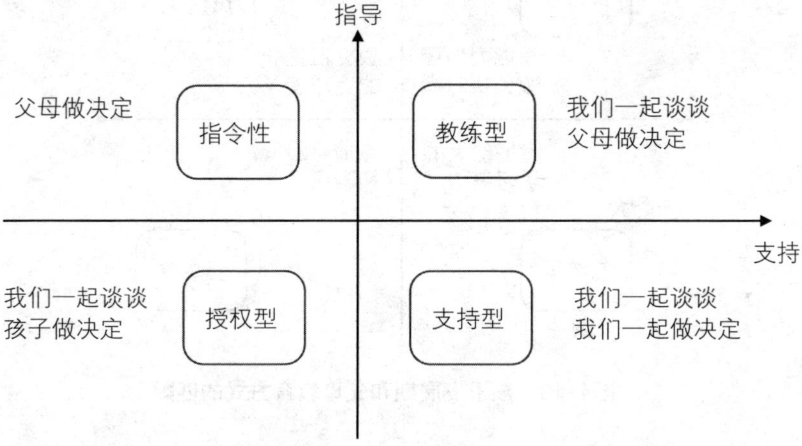

图4-12　家庭教育管理模式

1．指令型。给孩子详尽的指导，密切监督孩子任务的达成状态，并对结果给予反馈，决策通常是由父母负责。

2．教练型。向孩子解释任务的内容以及解决方法，同时指导孩子去完成任务。父母和孩子做沟通，但由父母做决定。

3．支持型。父母和孩子共同面对问题，制订解决方案，父母给予鼓励和支持，由父母和孩子一起做决定。

4．授权型。父母完全相信孩子的能力，将任务交由孩子自行负责、提供适当的资源，让孩子独立完成。父母对孩子高度信任，给孩子更多权力，让孩子自我管理。父母和孩子沟通商量，由孩子做决定。

随着孩子的能力渐趋强大，父母的教育方式也要随之调整，根据孩子不同的心态选择匹配的教育模式（见图4-13）。

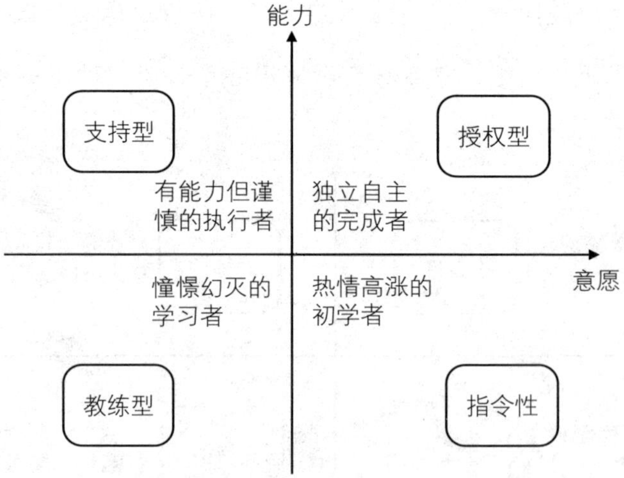

图4-13　孩子发展期和父母教育方式的匹配

蒋妈妈性格严谨，科研人员一丝不苟的特征被她带到教育当中，她习惯安排小蒋的学习、生活，是标准的指令型风格。指令型的风格适合初学者，能帮助初学者迅速成长。在这种模式下成长的小蒋，学习上各方面都很优秀，小蒋上高中后，已经成为独立自主的完成者，这时蒋妈妈应该选择授权型的教育模式，可她仍采用指令型模式来教育孩子，就出现了孩子成长和家庭教育方法的错位。一边是妈妈习惯性地指导孩子，一边是孩子期望自我管理，对权限的争夺造成她们之间冲突不断。值得庆幸的是，小蒋性格温和，对妈妈采用软抵触的方式，双方均隐忍克制，所以仍能相对和平共处。

在该放手的时候放手，在该指导的时候指导，在该退出的时候退出，父母的教育模式要跟上孩子的成长速度。对有能力的孩子采用授权型，就如让有管钱经验的孩子再得到一大笔钱，或是让一个对外部世界充分了解的孩子自己选择发展方向和专业一样，结果都是轻松又愉快的。

没有“一招鲜，吃遍天”的教育方法，当和孩子发生矛盾或者冲突时，要静下心来想一想：你的教育方法用对了吗？

如果父母能有效识别孩子的状态，选择匹配的方法，教育就会变得轻松自如。

家庭教育的重要因素

统一家庭教育理念

你付出百分百的努力，就能得到百分百的效果吗？答案是否定的。

何妈妈很努力地学习各种教育知识，并积极地学以致用，但她总是觉得哪里怪怪的。有一次她跟我说，因为孩子花钱比较大手大脚，为了培养孩子消费的计划能力，她每个月给孩子200元，让孩子买必要的用品。奇怪的是，费用控制了，可孩子的消费水平还是和以前一样。她很好奇，难道孩子找到了高性价比的购物渠道吗?

和孩子一次开诚布公的沟通后，孩子坦白说是爷爷给的钱，爷爷还不让孩子跟她说，何妈妈被气得一时说不出话来。

堡垒都是从内部攻破的，何妈妈百分百的努力对孩子会产生多大的影响力呢?

何妈妈家有5个成员，人均影响力为25%，若成员中有比她更具有影响力的人，她的影响力就会下降。因此无论她怎么努力，对孩子的影响都比较有限，这对想努力培养孩子的何妈妈来说非常无奈。

有了孩子后，家庭冲突大多数源于成员间教育理念的不同。因为家庭成员不同的成长背景、看问题的视角、社会阅历、所在平台的稳定度、资源整合能力都会造成教育理念差异，理念差异又会带来内部分化，产生多头教育。有些成员就会给孩子提供“避风港”，养成孩子推责的毛病。

你要批评孩子，孩子却被长辈呵护在身后；你想锻炼孩子做家务，没等孩子动手，爷爷奶奶就抢着做了；你想让孩子吃苦，另一半却对他非常溺爱；你想培养孩子的规则意识，规则却直接被家人破坏掉……在财务和时间都稀缺的情况下，理念差异带来的家庭冲突就不可避免。

作为教育的“执行团队”，统一思想、统一家庭教育理念是前提。教育是漫漫长征路，“如果有了神助攻”，你将不再孤单。遇到问题时有出谋划策的伙伴，遇到冲突时有人能居中调停，“神助攻”能让培养效果呈正增长。

提升“执行团队”的能力

一流团队执行，二流方案，得到一流效果。

二流团队执行，一流方案，得到二流效果。

方案再好，效果如何关键看“执行团队”。

一个细雨朦胧的傍晚，一对年轻父母正带着一个男孩回家。孩子3岁左右，不停地缠着妈妈想要抱，妈妈蹲下来耐心地跟孩子说：“你是勇敢的男孩子，自己走回家。”孩子扭着身子，哼哼唧唧地想往妈妈身上爬，妈妈坚决地再次制止，孩子仍然不想走。这时，爸爸走过来，抱起孩子就走，妈妈愣了一下，快步跟上爸爸。路上这位妈妈抱怨爸爸破坏了她的规则，爸爸只说了一句：“孩子小，以后再说。”

想得再多，说得再好，都要看家庭成员配合的情况。

再好的理念，如果不能贯彻执行，就流于形式。执行，是目标与结果之间的通路，是计划实施过程中不可或缺的一环。

光有爱还不足以达成培养目标，你已经具备了意愿，接下来需要不断提升能力，才能从热情高涨的父母初学者发展为独立自主的完成者，执行能力就是父母要掌握的能力之一。

提升执行质量是执行团队的首要任务，从自己的能力所及之处做起，不断开阔眼界，给孩子提供更广阔的空间；扩大资源储备，为孩子提供良好的基础；提升能力，为执行培养方案做准备（见图4-14）。

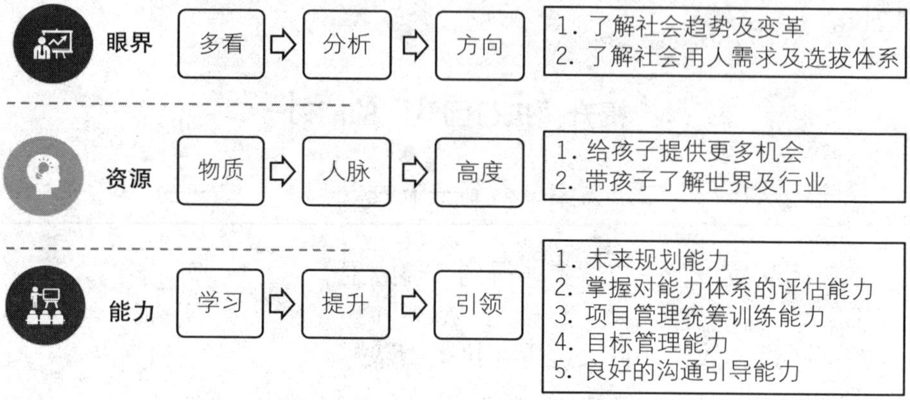

图4-14　父母成长的能力构成

团队执行能力的发挥不仅要求家庭教育理念达成一致，还要求家庭成员在行动上达成一致，从分工、规则到冲突处理模式等方面达成统一。可试着完成表4-10。

表4-10　家庭行动一致项目

试运行时间：

家庭成员：

项目	达成一致
成员分工	（每位家庭成员的分工，切记妈妈不能只负责生活）
冲突处理	（家庭成员出现不同想法时如何解决）
培养理念和原则	（想培养什么样的孩子，教育原则是什么）
家庭常规沟通方式	（家庭沟通渠道有哪些，家庭沟通会议的规则是什么）
家庭安全底线	（什么情况下不能做什么事情）
家庭授权事项	（什么条件下孩子可以做什么事情；什么事情可以协商）
孩子家务清单	（孩子的家务清单）
零花钱使用规则	（孩子可支配金额及使用权限）
其他	

第五章

教育规划方向

一生幸福的基石

身心健康

幸福的人各有各的幸福，幸福的定义千人千面，大到平淡隽永是幸福，功成名就是幸福，小到人生中许多平凡的时刻，如第一次胎动、孩子第一次喊你、牵着爱人的手散步、被轻轻盖上被子，甚至家人递来一杯热水、阳光洒满桌子、路上开满小花等都是幸福。

有人穷极一生寻找幸福而不得，有人时时刻刻都能受到幸福。拥有幸福的能力，就能让生活处处充满幸福。

幸福和什么相关

根据联合国发布的《全球幸福指数报告》，衡量一个国家的幸福感有一套复杂的标准，包括9大领域、33个分项。这9大领域为教育、健康、环境、管理、时间、文化多样性和包容性、社区活力、内心幸福感、生活水平等（见图5-1）。

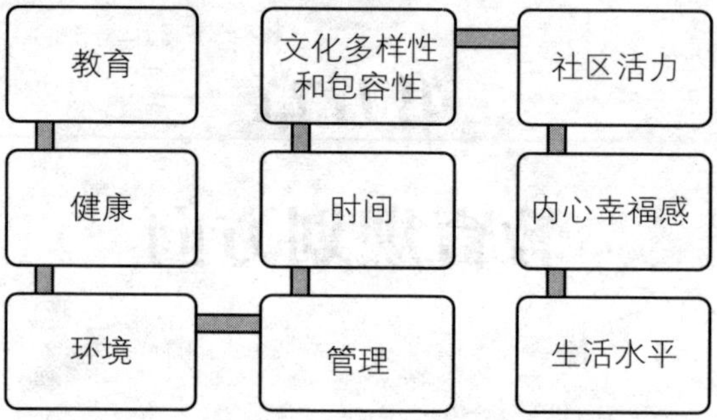

图5-1　全球幸福指数

报告显示，人们对幸福的追求是多方面的，随着经济水平的提升，对幸福的追求也水涨船高。最幸福的国家多是经济富足、安全、稳定的，最不幸福的国家则战火纷飞、民不聊生。

中国是世界上安全指数最高的国家之一，这些年中国的经济发展速度令全球瞩目，给人们提供了更多、更优质的就业机会，可见安居乐业就是国家幸福的基石。

回归到个人——个人的幸福基石又是什么呢？

幸福由多种因素构成，在健康、收入、婚姻、学历、职业等各要素中，健康是大前提。

所有的幸福都依存在“健康”的基础之上，有健康的身心，遇到再大的挫折，都可以从头再来。健康的身体让亲情、爱情、事业、梦想等变得更有活力。

用健康的心理去感受“满足感”，知足才能常乐。生活中我们都在负重前行，前方是苟且还是诗或远方，取决于你对生活的态度是欣赏还是抱怨。带着美好的心态去和路上的风景相遇，即使走过泥泞的路，你也会回首欣赏路上留下的清晰足迹，风景往往在这种少有人走的路上。当走上平坦大道，你就能感受大步流星的快感。

幸福自在你心，一路皆是风景。

心怀善意

罗曼·罗兰说过：“善良不是一种学问，而是一种行为。”

善意是这世界上最强大的力量，是打开世间人心的钥匙。

很多年前，我还是个职场“小白”，懵懵懂懂地在职场摸索前行。有一次打印机卡纸了，行政管理人员都不在，上级领导对文件又催得很急，随着任务截止时间的临近，我开始焦虑起来。

当时在打印区来来往往的同事很多，但没有人停下来问我发生了什么，我向同事求助，同事也只是亲和友善地一笑，说“我也不会”或“我有很多事，你找其他人帮忙吧”。这时，一位女同事走过来，放下手中资料帮我一起处理，没多久就把故障处理好了。那一刻，如释重负和温暖幸福同时涌上心头，我非常感激她的援手，而她只是轻轻地说：“只是小事情，不必挂在心上。”前后不到 5 分钟，却让我记住了她的笑容和名字。

3 年后，公司人事变动频繁，那位女同事所在的部门整体被裁撤。得知消息后，我第一时间把她的简历推荐给了拥有同类岗位的公司和猎头，让她在最短时间内重新找到了工作。她问我为什么如此尽心地帮助她，其实就是她始终不曾挂在心上的那几分钟不经意的善意帮助，让我愿意在她遭遇困难时伸出援手。

世间的善良，藏在人的一言一行中。善意可以很大，大到兼济天下，救济苍生；善意可以很小，可能就是一句温暖的话或一次举手之劳。谁都不知道小小的善意会带来怎样的结果，但世界也是一面巨大的回音壁——念念不忘，必有回响。

善良在关键时刻可以救命

从事犯罪心理学研究多年的李玫瑾教授曾谈过一个案子。

在2003年的一起凶杀案中，凶手杀了很多人，却唯独留下了一个孩子。

一般的孩子在危难时刻会求凶手不要杀自己，很少会想到别人。而这个孩子不一样，当他被凶手折磨得昏过去又醒过来时，第一句话就苦苦哀求他："别杀我，我是独子，我有爸爸妈妈，还有个没胳膊的大爹，还有奶奶，我要是死了他们怎么办啊？"

孩子还说："你也有妈妈，你妈妈找不到你，她该怎么办啊？"凶手听后大哭，说："我妈才不管我的死活呢，他们都不管我！"孩子说："那你把我认作干儿子，老了我给你养老，把你接过来跟我奶奶一块儿住。"

正是这一番话，让杀人如麻的凶手把他放了。

培养孩子的善良是家庭教育最具智慧的投资。孩子心怀善念，世界就会对孩子温柔以待，善良会代替你陪同孩子继续走下去。

当然，毫无底线的善良是在纵容恶人，伤害自己，要让孩子的善良中带有锋芒，不能对世间险恶一无所知。

在教孩子应对社会的各种技能前，先教孩子心怀善意，也许在关键时候善意可以救孩子，可以让孩子获得机会。即使没有收获，也问心无愧，仅获得付出善意带来的幸福感就已足够。

丰盈富足的内心

“足”是欲望的边界线，守住合理的欲望，就能长乐。

适度的追求是动力，过度的期望就是深渊。总在等待更好的，犹如耳边时刻有充满诱惑的声音告诉你：“你值得拥有更好的。”更好的成绩、更爽的游戏、更大的房子、更多的钱、更好的车、更高的职位，都是深渊的诱饵，让人深陷其中，不可自拔。贪婪、攀比，欲壑难填的欲望把幸福推到遥不可及的地方。

知足，内心才会从贪婪到平静。

在科技发达的社会里，电子产品逐渐成为人们生活的必需品。2018年10月，中国青少年研究中心在《中美日韩网络时代亲子关系的对比研究报告》中发布的数据显示，中国中小学生中86.5%拥有多种电子产品，68.1%拥有智能手机，79.2%接触网络，45.2%开始接触网络的时间是7—9岁。

从学习工具、考试资料到交友娱乐、休闲放松，在学习和生活中很难让孩子杜绝电子产品。如无法阻止外部环境的诱惑，就只能培养孩子强大的意志力来抵御诱惑。

被商家盯上的孩子

《腾讯2019“00后”研究报告》显示，“00后”在消费理念上乐于为“所爱”买单，加入动漫、学习、游戏等内容及元素的产品，更容易获得他们的关注和追捧。

这是一份专门针对“00后”的行为研究报告，目的是设计出吸引孩子们的产品，其中也包括令家长口诛笔伐的电子游戏。游戏公司的设计理念是增强客户黏性，提升活跃度，换句话说，就是把游戏设计得让人上瘾，玩得欲罢不能。

一边是财大气粗的商业公司，一边是势单力薄的父母，中间还有一个蠢蠢欲动的孩子。虽然家里有了一张书桌，可要拥有一个专注学习的孩子，真心不容易。

父母从小对孩子的保护要从防拐、防骗到防早恋、防游戏，既要思考如何培养孩子，又要预防对孩子有害的诱惑。但诱惑那么多，如电子游戏、毒品、不良社交关系等，让人防不胜防。一块显示屏背后蕴含宝藏也暗藏陷阱，没有识别能力和定力的人，就会被牢牢套住。

抵御外部诱惑从丰富内心开始

普林斯顿大学心理学博士亚当·阿尔特在《欲罢不能：刷屏时代如何摆脱行为上瘾》一书中写道：“人在青春期不曾上瘾，在后面的人生里上瘾的概率是极小的。”

杜绝孩子上瘾，要从小开始

乔布斯，苹果公司前CEO，计算机业界与娱乐业界的标志性人物，他深刻地改变了现代通讯、娱乐和生活方式。可就是这样一个科技狂人，也在家里限制孩子使用电子产品。可见，他非常明白电子产品对孩子的危害。

不仅乔布斯一人如此，在《时代》杂志所做的调查中，美国大部分科技公司的老板都严格限制孩子使用电子产品和智能产品，在10岁前完全禁止使用，在15岁前限制使用，而且一般只用于完成学校作业，等孩子长大独立后，才会逐渐放开限制。

富足的内心，才能抵挡外部的诱惑

乔布斯不让孩子使用电子产品，那他又是如何培养孩子的呢?

《乔布斯传》中写道，乔布斯晚上都和孩子们在一张老旧的长桌上吃饭，然后会讨论一些关于书籍、历史和很多有趣的话题。

包括Blogger、Twitter 和 Medium 公司的创始人伊万·威廉姆斯在内，大部分美国科技精英都会给孩子买许多书，即使孩子看不完，也有充分的选择余地。

父母阅历越丰富，知识越渊博，孩子在面对网络的时候越能把互联网当作工具，用于寻找信息，关注新闻、职业、教育、社会发展、健康等议题；而父母阅历和知识层面越低，互联网带给孩子的更多是娱乐和消遣。

内心富足的人，生活中常常充满乐趣和目标。他们热爱生活，活得有趣，会更容易看到生活的美好，愿意把精力用在喜欢的事情上，如阅读、写作、运动、画画、旅游、摄影、做手工等。

你把生活过得趣意盎然，孩子就会爱上生活，感受生活之美，体验生活之乐，内心逐渐丰盈起来，自然具有识别能力，笃定而自信，能够抵御外部诱惑。

贫瘠的人生屈服于诱惑，富足的人生则能战胜诱惑。

心怀善意——价值观规划及培养

孩子读过的书里藏着价值观

父母是孩子的第一个启蒙老师，书是孩子的另一个启蒙老师。

孩子读过的书会影响孩子的一生。你给孩子选择的书的类型，给孩子解读的书里的内容，就已包含了你想传达的价值观，潜移默化地影响孩子的判断、喜好和选择。

2019年，一篇关于童话故事的解读引起了大家的讨论。

一位妈妈就安徒生童话中《海的女儿》的故事提出了自己的想法。

海的女儿讲述的是美人鱼为了寻找一见钟情的人类王子，放弃了自己的声音，忍受直立行走时脚如刀割的痛苦，最后因不愿意伤害王子，化成了泡沫的故事。但这位妈妈告诉女儿，没有人值得你付出自己的生命。

这位妈妈的话体现了她对爱情价值的理解、对爱情伟大之处的理解，她传递了自己的价值观。你给孩子讲解什么，就是在用这套理念来影响和塑造孩子。

书籍是价值观导向最有效的载体，选书的过程也是在帮孩子指引人生。

选散文类，还是选哲学类?

选文学类，还是选科技类?

选人物传记类，还是选童话类?

推崇积极正向的还是剖析黑暗面的?

正如上文中谈到的纪录片《62UP》，7岁的孩子已经开始产生分化，其中阅读的书籍不同就是分化的重要原因。

脸书的CEO扎克伯格在社交媒体上发了一张他给刚出生不久的女儿读书的照片，引起了大家的讨论。他读的书是一本量子物理书，有人觉得这么小的孩子根本看不懂，质疑扎克伯格为什么给孩子看这样的书，也有人羡慕这么小就有父母给她读这种书。这里就出现了不同的教育理念，体现出父母的思维模式和价值观差异。

也有人说，干脆按名人推荐的书单给孩子买书，就可以了。孩子看什么很关键，父母选书更关键。扎克伯格可以给孩子讲量子物理，也可以找人给孩子讲，而普通父母就很难想到和做到。高知家庭给孩子选择的书，可能超出了普通人认知的范围，有些书他们根本就没有听说过。这就是父母思维、见识、能力带给孩子人生的起点差异。

小时候读书的差异延伸到大学后，又会有什么不同呢？

根据美国“开放课程”公布的美国大学生阅读书目数据及中国各大高校公布的2015年图书借阅情况，我整理了5所著名大学的学生阅读清单（见表5-1、表5-2）。

表5-1　美国大学生阅读书单

普林斯顿大学	哈佛大学	耶鲁大学	斯坦福大学	哥伦比亚大学
1.《文明的冲突》	1.《在伯明翰监狱里写的一封信》	1.《理想国》	1.《利维坦》	1.《文明的冲突》
2.《全球化及其不满》	2.《风格的要素》	2.《季度回顾》	2.《科学革命的结构》	2.《理想国》
3.《美国国会行动的逻辑》	3.《领导大不易》	3.《隐身人》	3.《统计自然语言处理基础》	3.《论自由》
4.《财政学》	4.《文明的冲突》	4.《奥德赛》	4.《代码：塑造网络空间的法律》	4.《社会契约论》
5.《资本主义、社会主义和民主》	5.《思考，快与慢》	5.《让我们来歌颂那些著名的人》	5.《创意写作》	5.《利维坦》
6.《伯罗奔尼撒战争史》	6.《君主论》	6.《论美国的民主》	6.《理想国》	6.《政治学》
7.《大外交》	7.《政策分析入门》	7.《人类学》	7.《鲁滨孙漂流记》	7.《道德形而上学》
8.《新教伦理与资本主义精神》	8.《正义论》	8.《萨帕塔和墨西哥革命》	8.《弗兰肯斯坦》	8.《国富论》
9.《停战》	9.《公司财务原理》	9.《反政治机器》	9.《理解媒介》	9.《微积分：早期超越》
10.《冲突中的种族集团》	10.《感谢您的忠告》	10.《伊利亚特》	10.《公共领域反思》	10.《文明及其不满》

表5-2 中国大学生阅读书单

浙江大学	清华大学	北京大学	武汉大学	复旦大学
1.《平凡的世界》 2.《我执》 3.《万历十五年》 4.《狼图腾》 5.《常识》 6.《牛奶可乐经济学》 7.《心理学与生活》 8.《高效能人士的七个习惯》 9.《天龙八部》 10.《国富论》	**社科类：** 1.《极简欧洲史》 2.《暗时间》 3.《异类》 4.《稀缺》 5.《激荡三十年》 6.《机器学习在量化》 7.《蔡康永的说话之道》 8.《人类简史》 9.《祖先》 10.《耶路撒冷三千年》 **科技类：** 1.《算法导论》 2.《LATEX入门》 3.《断舍离》 4.《哥德尔、艾舍尔、巴赫》 5.《LATEX 2e 完全学习手册》 6.《MATLAB 完全学习手册》 7.《MATLAB R2014a 完全自学一本通》 8.《Spark大数据处理》 9.《少有人走的路》 10.《时间简史》	**经济类：** 1.《激荡三十年》 2.《大数据时代》 3.《货币战争》 4.《21世纪资本论》 5.《大转型：我们时代的政治与经济起源》 **哲学宗教类：** 1.《心理学与生活》 2.《公共领域的结构转型》 3.《叫魂：1768年中国妖术大恐慌》 4.《开放社会及其敌人》 5.《亚里士多德全集》 **文学类：** 1.《盗墓笔记》 2.《藏地密码》 3.《老舍文集》 4.《天龙八部》 5.《王小波全集》	1.《明朝那些事儿》 2.《平凡的世界》 3.《神雕侠侣》 4.《读库》 5.《盗墓笔记》 6.《藏地密码》 7.《知日》 8.《新周刊年度佳作》 9.《绝代双骄》 10.《张爱玲典藏全集》	**文科图书：** 1.《西方哲学原著选读》 2.《王小波全集》 3.《正义论》 4.《计量经济分析方法与建模》 **理科图书：** 5.《第二性》 1.《微积分学教程》 2.《基础有机化学》 3.《费恩曼物理学讲义》 4.《数学分析》 5.《力学》 **医学图书：** 1.《人体解剖学彩色图谱》 2.《组织病理学彩色图谱》 3.《生物化学》 4.《神经科学》 5.《生物化学原理》

读书有差异，思维就有差异。读不读书，未来差别很大，读什么样的书，人们在选择方向上差别很大。

你不只是在选书，你是在塑造孩子的三观和未来。

环境很重要

教育不是孤立存在的，培养一个孩子，要给孩子创建一个教育生态系统。

人与人之间的差距，早期始于父母思维的不同和资源分布的不平等，起点差距加剧了孩子之间的见识差距。随着孩子走入社会，老师、同学、朋友、书籍、媒介的影响力会逐渐上升，外部环境完善着孩子对社会规则和价值体系的理解。

家庭热衷让孩子上名校，并非只是盲目崇拜名校光环，而是看重名校背后丰富的资源。名校汇聚了大批愿意投入时间和精力在孩子教育上的家长，名校家长的家庭构成就已经呈现差异。受这些家庭影响的孩子，又会展现给同学不同的视野、思维、行为习惯和素养，让教育环境影响力形成良性循环。在正向从众效应之下，孩子会通过改变自己的思维、喜好、行为的方式融入群体。

一个积极向上、爱好学习的集体会让孩子爱上学习。

一个崇尚暴力的群体只会让孩子学会用武力解决问题。

环境最终会带来对孩子行为的改变。

英国BBC纪录片《交换学校》跟踪拍摄了两所学校的学生为期一周的

交换生活，沃明斯特中学是优质私立学校，历史悠久，教育资源丰富，贝姆罗兹是非常普通的公立学校。

一周的交换，会带给孩子们怎样的感受和改变呢?

当私立学校的孩子到达公立学校的第一天，来自私立学校的桑德就被学校里孩子的行为惊到茫然无措，没想到公立学校的孩子居然会辱骂要求他们安静上课的老师。他发现想在课堂上安静学习几乎是不可能的事情，他面临两种选择：一是加入孩子们一起起哄，二是埋头做好自己的事情。最后他选择了一贯的学习模式——尊重老师、认真听讲。同时他还劝说在课上吵闹的孩子安静听课：“多和好学生在一起，很快你就会发现学习的乐趣。”

公立学校“放学早、作业少”，下午3点钟放学后，公立学校的学生无所事事，在家里打游戏或者看电视。私立学校的乔恩开心地和“结对”的卡西姆一起疯玩电子游戏，但事后乔恩有点后悔，因为在私立学校他从早上7点钟起床到下午5点钟放学，除了睡觉，不是在写作业，就是在去写作业的路上。他承认，如果一直在公立学校，他就不会像在私立学校时那么自律。

凯蒂遇到了一心想上牛津大学的公立学校学生娜丝，家庭落差让凯蒂内心很受触动，她从来没有想到自己认为理所当然享有的教育机会竟然被其他人如此渴望，她充分认识到自己是非常幸运的。

而公立学校的孩子在私立学校会有什么样的变化呢?

在校规严格的私立学校，大多数孩子都能专心致志地上课听讲，偶有不守规矩的学生，老师都能有效地进行约束。在同学和老师的共同影响下，以前习惯在课堂上调皮捣蛋的公立学校孩子布瑞特收敛了自己的性格，开始小心翼翼地听课，从不做作业的他居然开始主动做起了作业。在学校的帮助下，他开始主动学习，不再懒散。

不太自信的娜丝，有了更明确的目标，她变得更坚定、更有想法。她表露了想留在这个学校学习的意愿："我真的很喜欢这里，好想永远留在这个学校。"

环境的影响，让孩子可以发生深刻的改变。

孩子为什么在不同环境中会产生不同的行为

心理学的"破窗效应"认为：环境中的不良现象如果被放任存在，就会有人开始效仿，甚至变本加厉。规则一旦被破坏，又没有被及时处罚，就会有人继续挑战。正如一栋建筑有一扇破窗户，如果没有被及时修复好，就会被越来越多的人破坏。

1974年，行为艺术家玛丽娜·阿布拉莫维奇将自己完全麻醉，麻醉前她告诉在场的观众，他们拥有处置她的全部权限，无论做任何事情都不用承担后果。

她身边有72件物品，甚至包括鞭子、匕首等危险系数很高的器具。实验刚刚开始时，现场的人面面相觑，没有人敢对玛丽娜做什么。直到有人上去摸了一下她的头发后，人群才开始慢慢躁动起来：有人亲她，有人给她涂口红，有人用玫瑰花的刺扎她的脸，有人用匕首划她的皮肤……表演持续了6小时，如果不是有人及时制止，后果不堪设想。

成人在没有约束的条件下尚且如此，“破窗效应”之下，没有坚定信念的孩子更容易被环境逐步改变。

小凡是九岁的男孩，他妈妈给我分享了一件有趣的事情。有一次她和孩子的爸爸在沟通公司的人事管理，讨论对一个犯错员工的处理办法，这时小凡给出了他的建议。他建议先安抚犯错的员工，等事情平息之后再来处理挑事的人。为了避免员工心里产生不良情绪，公司要做好安抚心理和物质补偿的准备。当时她很吃惊，她并没有专门教过小凡管理上的事情，但事实是小凡已经逐步具备一些管理思维和技巧。

唐燕曾是一家知名公司优秀的人力管理者，后来晋升为公司的副总裁。她的孩子十岁时被送到我的培训班上学习，我发现孩子对生产成本、销售渠道、人员成本、商品设计等专业知识已经有了较深的认知，在模拟路演中他还担任了组长角色，带领比他大的孩子完成任务。

同样是在一个外资银行的暑期精英培养班里，一个小组里有个15岁的孩子，同组成员都是20多岁的海外留学生，但组员都愿意选他做组长。在五天的培训中，这个孩子确实体现出让人信服的管理统筹和协调能力。他告诉我，这是他第一次参加系统的培训，所有的经验都是跟父母从日常生活中学到的。

“居必择乡，游必就士”，良师益友可以让孩子修身立德。你给孩子创造的学习环境、居住环境、思维环境、朋友圈，都是教育生态链上的重要环节，无时无刻不在影响着孩子的行为。

“近朱者赤，近墨者黑”，当孩子目之所及人人都在努力，他也必然选择努力。

只要孩子还在笑，世界就很美好

视挫折为“成长助力”还是“绊脚石”，是判断孩子是积极乐观还是消极悲观的最简单的方法。

法国作家雨果说过：“思想可以使天堂变成地狱，也可以使地狱变成天堂。”

人生那么长，谁都会遇上机会和挫折，采用积极还是消极的面对方式，将得到不同的结果。积极乐观的人，会勇敢地迎接逆境挑战，即使不能实现最初的梦想，也会打开另一扇梦想的大门。

科学研究表明：勇敢、乐观、积极等非认知性的能力，与孩子的健康情况、学习成绩、升学情况、工作状况及家庭收入形成正相关。孩子最原始的生活经验来自父母，要让孩子笑着面对人生中可能遇到的各种困难，父母首先要具备积极乐观的态度。

哈佛大学罗伯特·帕特南教授在《我们的孩子》一书中，详尽阐述了不同阶层的孩子在成长过程中所产生的全方位差距：越是高知的父母，越期望培养自主、独立、有自我反思能力的下一代，要让孩子自尊自强、有能力做出积极向上的选择；反之，文化水平越低的父母，越期望孩子服从纪律要求，严格遵守父母定下的规则。

教育风格的差异体现在父母和子女的日常语言交流中。帕特南教授在详尽跟踪研究后发现，不同类型的父母对孩子的语言表达不同：

积极乐观的父母每年向孩子说出166 000个鼓励的句子，而让孩子泄气的否定表达只有26 000句，正向和负向语言比为6.38：1；普通的父母每年鼓励和否定的表达分别为62 000句和36 000句，正向和负向语言比为1.72：1；最糟糕的父母则采用少鼓励、多批评的模式，每年鼓励和否定的表达分别为26 000句和57 000句，正向和负向语言比为1：2.19。

正负语言的数据差别导致孩子在自信心、性格、合作模式上的差别，长期生活在积极乐观环境下的孩子，显然更自信和乐观，更容易接受挫折，心理健康程度更高。

只要孩子还能微笑着面对世界，世界就仍然充满阳光。

孩子日常生活中的价值观——行动自我梳理

人的习惯和行为的养成，需要经过21次刻意训练，耳濡目染就是有效浸润式的高频培养方法。在中国孩子封闭的培养环境中，没有什么比日常生活更容易影响孩子的能力和思维的了。

学习不局限于课堂，它以各种形式存在于我们的生活中，手把手教导、沟通分享、父母示范、婚姻状态的展示，以及父母合作的风格、父母对工作的态度、父母与朋友间的交谈等都是孩子学习的来源。

美国学习专家爱德加·戴尔提出的学习金字塔理论指出，采用不同的学习方式，学习者在两周以后能记住的内容（平均学习保持率）不一样（见图5-2）。

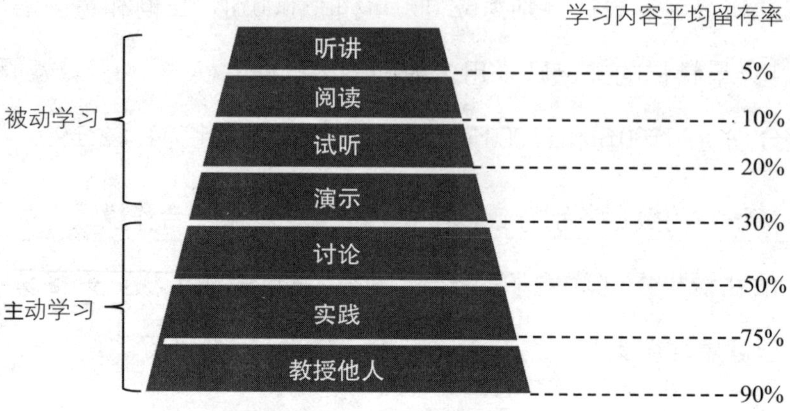

图5-2 学习金字塔

如果学习仅停留在被动学习上，学习成果收效甚微，要想达到更好的效果，主动学习的方法最有效。

有位父亲对孩子的期望是让孩子学会爱别人，我问他："你拥抱过孩子吗？"他当时愣了，为难地回答："很少，我不太习惯。"

"那你是怎么爱孩子的呢？"我盯着他，这位不苟言笑的爸爸认真想了一下说："我给他买东西、送他上学、给他交学费。"

我问他十三岁的儿子："你觉得爸爸爱你吗？"孩子想了想，轻轻地说："爱。"

"他是怎么爱你的呢？"孩子沉默了好一会儿才说："送我上学、陪我做作业。"我再问他："你想让爸爸怎么爱你呢？"一直低着头的孩子抬起头看着爸爸："我想让他周末有时间陪我打球、聊天，还有带我爬山。"

任妈妈总说孩子不够勇敢。一次在孩子没有犯错的情况下，老师批评了孩子，孩子心里很不甘心，委屈了很长时间，对老师产生了很大的意见。

任妈妈想帮助孩子消除和老师之间的误解，于是鼓励孩子去找老师认真地沟通，孩子不敢去，她批评孩子说："你怎么这么胆小呢！"我问她："那你敢吗？"她连连摆手，难为情地说道："我怎么敢去！"

面对没有经验的孩子，父母要指导孩子具体怎么做，或者给孩子做一次示范，孩子才知道如何去做，这样才能真正理解和掌握方式方法。

把日常生活当作培养孩子的实战场景，会起到出人意料的效果。你可以参照表5-3来理解价值观和日常行为的对应关系，让教育行动一目了然。

表5-3　价值观培养对应行为（示例）

价值观	具体行为
家庭价值观传承	**树立家庭价值观：**正直、诚信、勇敢、独立、善良等（选择你认为适合的书籍，如童话、名人传记、励志故事、文学作品等，通过和孩子共读、讨论等方式进行引导） **日常价值观传承：**利用事件或仪式感活动传递家庭价值观
温暖、关怀、爱	就餐时，等家人到齐后就餐，若人不齐，让孩子去请； 带着孩子一起去探望病人； 带着孩子一起给亲人拜年、问好； 家人生日、结婚纪念日或其他特殊的日子，提前和孩子沟通商量怎么做； 当着孩子面，表达你对其他人的关怀，如拥抱、问候； 主动问他人是否需要帮助； 带着孩子参加公益、慈善活动

续表

价值观	具体行为
积极乐观	当家庭遇到困难时，用积极的态度讨论解决方案； 遇到困难时，积极面对，和孩子分享你从困难中得到的收获； 当孩子遇到问题时，引导孩子用积极态度面对； 当着孩子的面表达对你对他人的欣赏； 谈论对某事的观点时，先表扬事情好的一面； 在日常生活中注意使用积极乐观的语言
勇敢	孩子不敢做时，示范给孩子看； 如果你做了勇敢的事情，即使孩子没有看到，也要给孩子讲你是如何克服困难的； 鼓励孩子尝试没有做过的事情
责任担当	安排任务时要有对应的处罚措施，没有完成时，家庭成员一视同仁接受处罚； 让孩子自己完成责任范围内的事情，父母不插手；如孩子能力不足，可征询孩子是否需要帮忙； 犯了错先自我反省、承认错误，并提出补救措施
社会公德心	教孩子公共场合的注意事项，如电梯礼仪、不闯红灯、打喷嚏时要捂住口鼻、就餐时不乱转桌子、不大声喧哗等规则，并在日常生活中做示范，把行为常态化
健康	制定家庭健康活动计划，如锻炼、喝水、用眼、坐姿、使用电子产品等，自己要坚持做到，如果做不到，要向孩子解释原因
生活能力	根据孩子的年龄分配相应的家务，如洗衣服、扫地、拖地、端茶倒水、清洁房间、照顾宠物等
合作精神	可有意设置简单的合作项目，如做饭、采购、旅游、接待、家庭聚会等，让孩子来负责安排，你可以主动询问孩子需要什么帮助，并指导完成； 和孩子分享工作中合作的案例

续表

价值观	具体行为
节约消费	延迟满足孩子的欲望； 买东西时，给孩子讲解你购物的原则和想法； 设置采购规则，让孩子自己挑选物品
计划与执行	让孩子参与家庭计划制订或父母的自我成长计划，并让孩子监督执行； 让孩子做学习计划，大家共同监督执行； 让孩子做消费计划，大家共同监督执行
冲突解决方式	发生冲突时是让孩子学习冲突解决的最好时机，让孩子知道父母是如何解决冲突的，为什么这样解决； 和孩子发生冲突后，待双方情绪平复下来，和孩子探讨下次遇到同样的问题如何解决并改善； 和孩子讨论生活中遇到冲突的案例，让孩子思考如何处理

以上只是示例，你可以根据自己孩子的情况进行调整。

有行为支持，理念才能落地，切忌父母言传和身教“两张皮”，言行不一容易在孩子面前失去信任和权威。

好的结果=父母言行一致+长期刻意培养，两个要素缺一不可。

身披铠甲——能力培养

未来社会的 9 大生存法则

每个时代都是最好的时代，也是最坏的时代，决定时代好坏的是人的思维差异。有人奋力奔跑只为留在原地，也有人提前布局，把十年后的命运放在现在的选择里。

时代变了，玩法也变了，越是在社会发生重大改变的时刻，越会出现两极分化，成为赢家还是输家有时只在一念间。

没有人能够预测未来，但杰出、睿智的人能够比我们更早地感知未来。

苹果公司前首席执行官约翰·斯卡利曾说过："我们最后在苹果公司付诸实施的许多想法都源自媒体实验室。"斯卡利说的"媒体实验室"就是麻省理工学院媒体实验室，这是一个以专门研究关乎人类未来的跨学科项目而著称的机构。每年《麻省理工科技评论》发布的年度十大科技突破备受科技界瞩目，这些突破让世界发生或大或小的变化。

许多原创性的重要发明——触摸屏、电子墨水、提升人类肢体灵活性的假体、可穿戴设备、车载GPS等都来自这个实验室。可以说，麻省理工学院媒体实验室的研究发明覆盖了人们近80%的互联网生活。

2018年，我曾有幸去参观过媒体实验室，窗明几净的实验室里到处都是忙碌的身影，陈列在走廊上的发明有可能会改变世界运行的模式。这里有电子刷，刷过的任何东西都可以迅速地复制在屏幕上，还有尚在研发阶段的未来歌剧院、未来儿童生活馆等，非常有趣，也非常生活化。如果把这些发明运用到人们的日常生活场景中去，又将带来更多的社会变化。

媒体实验室对未来社会生存发展有什么建议呢

伊藤穰一，原麻省理工学院媒体实验室主任，在《爆裂：未来社会的

9大生存原则》一书中指出，未来社会将跟我们今天的社会非常不同，以至我们生存的原则也将发生改变。书中提炼的9大原则将帮助人们驾驭动荡时刻，应对当下的挑战。

这9大生存原则分别是：涌现优于权威、拉力优于推力、指南针优于地图、风险优于安全、违抗优于服从、实践优于理论、多样性优于能力、韧性优于力量、系统优于个体。

伊藤穰一认为互联网时代的到来为“涌现”提供了更多的可能，为大众提供了一个通道，大众的声音能够被传递，可以被倾听，同时，也推动了更多人参与讨论、思考和协作，使得群体智慧不断涌现。过去建立的权威可能随时会瓦解，从权威到涌现的转变正改变着很多机构的未来，它会催生新智慧的诞生，从而重塑未来社会。

未来社会的生存原则在变化，这对我们培养孩子也提出了相应的思考：

拉力优于推力——激发孩子的内驱力；

指南针优于地图——确定培养战略和方向；

风险优于安全——让孩子具有创新精神；

违抗优于服从——让孩子敢于提出质疑；

实践优于理论——放手让孩子去尝试；

多样性优于能力——一专多能，还是只培养一专。

未来已经装上了全新的操作系统，你给孩子准备好底层操作系统了吗？

让孩子身披铠甲

当你面对日渐老去的父母、年幼的孩子、挚爱的另一半，原本无所畏惧的你就有了软肋；当你期望他们过上更好的生活，生活就充满了期盼。软肋和期盼让你甘愿披上坚硬的铠甲，骑上快马，一路披荆斩棘，过关斩将，只为守护想守护的人。

总有一日，你垂垂老矣，铠甲残破，回首看看被你护在身后的孩子是否已经准备好铠甲，迎接冲锋了呢？

孩子尚未长大，你怎敢老去！

给孩子准备什么样的铠甲，才能跟上社会变化呢？社会正在切换操作系统，孩子需要准备什么样的底层操作系统呢？

核心生存能力

无论未来社会如何发展，**底层操作系统第一条：让孩子在社会中生存下来。**

在自然淘汰法则中，适者才能生存，动物深谙此道，温室里的幼崽没有经过残酷的训练，根本逃不过食物链上层的追逐，结局就是沦为别人的食物。

培养孩子在社会上生存的能力是最低要求，生存能力不仅包括自理能力，更包括适应能力及灵活变通能力。无论人生际遇高低起伏，这是让孩子能在绝境中杀出一条生路、安身立命的能力。

随着中国经济加速发展，竞争格局不断变化，让孩子适应社会，学会在纷繁芜杂的社会中学会生存已经迫在眉睫。

只有生存下来，一切才皆有可能。你可以参照表5-4培养孩子的生存能力，让教育目标一目了然。

表5-4　孩子日常生存能力（示例）

衣	选衣、穿衣、洗衣、季节换衣、日常搭配技巧
食	做饭、买菜、营养搭配、购买方式及场所、分量、中毒处理
住	水电气、电视通信，交费渠道
行	安全规则、认路、交通工具
安全保护	求救电话拨打方式； 应对坑蒙拐骗； 陌生场景的风险意识及应对； 外出注意事项； 野外生存：遇到洪水、地震、山火、雷电
急救技巧	**身体保护：**烫伤、摔倒、划伤、窒息、噎呛、跌落、落坑、迷路、提重物、叠人墙； 突发事件的应对
社交	**社交技巧：**表达能力、社交规则及尺度、公共场所的要求、人情往来的习俗； **社交场景：**不同场合、不同社会角色的社交方式
财务	赚钱的方式方法； 消费的观念、原则、计划与管理
抗挫	**生活中的五感训练：**能够表达喜怒哀乐悲； 应对他人的不同情绪，理解自我行为对他人的影响； 做有挑战性的事情； 遇到挫折时分析问题，找到答案

核心发展能力

随着国务院《新一代人工智能发展规划》的发布，人工智能技术应用也将逐步扩展到各行各业，随之带来人才市场的结构性变化，重复性、标准化、程序化的岗位将被逐步取代。

根据波士顿咨询公司《迈向2035：4亿数字经济就业的未来》及《迈向2035：攻克数字经济下的人才战》的分析报告显示：数字经济将为中国未来就业生态带来深刻变革，并创造逾4亿个就业岗位。到2035年，中国整体数字经济规模接近16万亿美元，数字经济渗透率达到48%，总就业容量达4.15亿人。在未来很长一段时间内，数字经济就业生态与传统就业生态将保持并存发展、融合促进的良性互动关系。

各行业的数字化转型进一步加剧了人才争夺战，尤其凸显了对专业、稀缺的数字化人才、跨界人才的旺盛需求。

数字技术改变了传统行业的商业逻辑和运行方式，对人类劳动的可替代能力越来越强，被冲击的部分行业及职能领域的工作机会面临转型、锐减甚至消失；部分标准化、程序化的非脑力工作也将被取代。

波士顿咨询公司认为，在数字化时代，就业人群要掌握特定的专业技能(尤其是应用数字技术)，具备机器智能尚无法大规模取代的人际交互、创造性等素质，才能打造就业壁垒。

在人工智能技术的应用上，企业需要更多既掌握技术能力又具有良好软性素质的复合型人才。这类人才应具备交叉学科背景及综合能力，能搭建计算机程序和商业模型；同时，他们还需要快速的学习能力以理解商业逻辑，更需要跨界合作能力与各方沟通洽谈，从而真正将人工智能技术落地为各行业的具体应用。

麦肯锡公司《工作的未来——自动化、就业和生产力》的报告对美国800多种职业所包含的2000多项工作内容进行了自动化潜力分析，结合每项工作内容所需要的18种工作能力，他们认为，在未来，优秀人才需要拥有这些能力（见表5-5）。

表5-5　未来社会需求的能力

感知能力	对应能力
认知能力	检索信息 识别已知模式 生存新模式/类别 逻辑推理/问题解决 优化与规划 创造力 表达输出/显示输出 与多方协调
自然语言处理能力	生成自然语言 理解自然语言
社交和情感能力	社交和情感感知 社交和情感推理 社交和情感表达
物理能力	精细运动技能/灵活性 粗大运动技能 方向感 机动性

资料来源：麦肯锡全球研究院。

时代变革之下，专业咨询机构对未来社会和人才需求做出了预测和建议，为孩子的能力培养指明了方向。

无论从伊藤穰一的《爆裂》一书，还是从波士顿及麦肯锡的分析报告都可以看出，社会上即将被淘汰的和即将涌现的岗位是有共性的。

避免培养孩子的方向：具有重复性、标准化、程序化的特征。

建议培养孩子的方向：具有专业能力、创新、交叉跨界、快速的迭代学习能力、感知能力（商业敏感度）、数理逻辑能力、强表达和沟通能力、社交能力、合作能力的特征。

生存能力和发展能力构成孩子在未来社会的底层操作系统，可以让孩子顺利应对社会操作系统的升级。

孩子日常生活中的能力培养

在给一所知名中学的初中生进行商业比赛训练时，为了解孩子们能力的初始状态,我先让孩子们自行商量完成产品设计。整整一个晚上过去了，小组成员久议不决，迟迟不能提交设计稿，任务只好延期。一周后，小组的设计方案仍然没有头绪，在我跟进为什么没有完成的原因时，组长很委屈地表示他已经明确地告诉了负责设计的组员，组员也回复任务完成了，没想到结果还是不尽如人意。接下来整整六周的训练情况显示，孩子们对社会变化、客户喜好、产品设计、产品定价等概念都缺乏认知。整个训练项目结束时，虽然产品设计结果仍不乐观，但孩子们的任务管理、团队合作、发现问题和解决问题的能力却得以提升迅速。

同样的情况，也出现在对一所省内顶尖高中学生的商业培训中。报名的大部分都是高一、高二的学生，参与时间少，产品概念弱，对社会了解不足，始终不能打开思路。整个培训中，只有组长因为真心喜欢商业项目设计，自始至终坚持参加课程，而其他成员到课率和任务完成度都不理想。整整两个学期过去，产品研发创新上几乎没有突破，项目推进速度也很慢。可组长在整个项目中学习了如何激励成员、协调资源、和难合作的人合作。她说："我以前从来不管别人怎么想，只要自己高兴就可以。现在才知道，要做成一件事情，我的感觉不重要，重要的是让不合作的人行动起来。为了这个项目，我居然可以忍受他们的坏脾气，还把事情做完了。"

项目制培训是培养能力的重要模式。美国著名教育家杜威曾说，在完成一项任务中主动获取的知识，比被动接收到的知识更有意义。这个观点正是项目制培训的核心，只要行动起来，必然有收获。

你可以参照表5-6来培养孩子的能力和日常行为，让教育行动与结果一目了然。

表5-6　能力和日常行为培养（示例）

能力	具体行为
创新思考	**尝试新事物：** 在不影响安全的前提下，鼓励孩子挑战新事物，甚至自己做创新项目； **引导创新：** 一起探讨社会发展现状；检索相关科技信息、讨论科技发展；在城市科技、世界变化方面引导孩子思考科技变化； **保护孩子的好奇心：** 孩子提问时就是最好的培养时机。和孩子一起寻找答案，在寻找答案的过程中，教孩子检索信息的各种组合方法及解决问题的方式； **别急着给答案：** 任何事情，别急着给孩子答案，多采用开放性提问方式，让孩子思考如何找到解决方式，事后和孩子一起讨论这些方式

续表

能力	具体行为
合作精神	**家庭合作项目：**根据孩子的年龄设立合作项目，如做饭、家庭旅游、朋友接待、生日聚会、才艺表演、年会、家务分配、家庭会议安排、冲突解决等，让孩子负责组织，你只担任顾问角色，其余由孩子完成。 **家庭外部合作项目：**可召集朋友孩子一起来参与——创作一台小话剧、辩论赛、模拟联合国等小团队任务，由孩子负责项目推动； 随着孩子长大，父母可赋予孩子更多权限，如参与家庭重要决策、家庭财务预算、装修采购等项目； **分享案例：**和孩子沟通你在工作中的合作案例，从项目组建到项目完成的全过程
交叉跨界	**多维度知识：**让孩子读不同类别的书籍，最好涵盖PEST领域； **多维度思考：**让孩子接触不同领域的人；见你的不同的朋友；参加图书馆、博物馆、科技馆以及社会上的各种活动；看各类有益的节目；建立家庭读书会，让家庭成员参与读书分享活动；开办研讨会，讨论不同话题
快速的迭代学习能力	**培养自学能力：**学习新知识时，首先让孩子思考如何学习，你可以和孩子沟通学习计划、涉及的新知识、需要的辅助学习资料、制订学习计划、预习的技巧、可以使用的学习工具等，逐步培养孩子的自学能力； **思考的过程将引导孩子主动观察，观察也是积累知识的过程，在观察中发现事物的运行规律、形成自我解决问题的方式方法**
感知能力（商业敏感度）	**体验式学习是最好的成长方式，让孩子接触外部世界是训练感知的重要方式** **发达地区体验：**带孩子去观察发达地区的特征，提前准备考察清单，列出你想让孩子了解的问题。如城市发展的支柱产业、当地的收入和消费水平、日常生活中的科技运营情况、交通便利程度、城市居民的生活状态、科技园区的工作氛围等。有意识地选择一些科技发展、商圈、菜市场、房地产中介、物价等和生活息息相关的方面去了解； **了解世界的变化：**多和孩子一起看财经、科技类新闻，了解新科技，和孩子探讨商业的变化； **参加社会职业体验：**走入真正的公司，让孩子了解真实的工作场景； **模拟训练：**此项培养难度系数较大，若父母担任公司管理人员，可让孩子参与简单的管理决策，有机会可以带孩子参与会议讨论、项目沟通等

续表

能力	具体行为
数理逻辑能力	**游戏训练：**为孩子准备益智推理类的游戏，如棋类、猜谜、填字、连环解锁等； **文字逻辑训练：**可选择推理类的故事，和孩子一同寻找线索和答案，并让孩子进行模拟推演，理清逻辑关系； **模拟老师：**角色互换，让孩子讲给你听，这是梳理知识的最优方式，既增加孩子的自信心，又可以训练逻辑思维； **提问式引导：**通过请教的方式引导孩子思考，切忌提问太多太难，让孩子产生厌烦和畏难情绪
强表达和沟通能力	**方式可以随孩子年龄的变化而变化** **演讲活动：**孩子年纪较小时，以让孩子讲故事的方式来训练。也可举办家庭讲故事大赛，提升孩子表达的欲望； 随着孩子的成长，可开设家庭知识小讲坛，由孩子设计演讲题目，每次演讲时间不要超过3分钟； **家庭会议：**协商共建家庭会议规则，在规则之内，让孩子拥有发表观点和意见的机会； 在孩子表达过程中，父母不要打断或反驳孩子，不搞“秋后算账”，这样孩子才会逐步敞开心扉和父母沟通
社交能力	创建社交场景或参加社交活动，让孩子参与其中； 给孩子举办生日会；鼓励孩子积极参加其他孩子举办的活动；带孩子参加正式的活动； 参加活动前，提前和孩子沟通参加活动的注意事项和物品准备。初期孩子可能不喜欢参加，可通过邀请孩子的好友一起参加的方式提升孩子的参与兴趣

精心准备的项目，才能获得孩子的欢心。接下来孩子是否会喜欢和坚持，都取决于你给孩子设置的最初体验，初次体验良好，孩子便会欣然参加第二次及后续活动，达到多次训练的效果。

“合抱之木，生于毫末，九层之台，起于累土”，你为孩子培养的每一种能力，都是在打磨孩子的铠甲，花的精力越多，甲片越坚硬。以规划为线，穿起日常生活中锻炼出来的能力，最终打造成孩子坚硬的铠甲。

手握利器——知识规划篇

谁都可以成为专家

别给孩子设置上限，谁都可能成为某个领域的专家。

中央电视台有一档节目叫《挑战不可能》，节目中的挑战者来自各行各业。他们不是天赋异禀的“天才”，只是生活中的普通人，从事着普通的职业，但在节目中能够看到平凡生命的极致绽放。

叶辉，中国航天科工二院的研磨师，被称为“制造标准的人”。有凭手工完成高精密研磨量具的绝技，他参与了中国很多高精尖装备的关键零部件的研制与生产，有些精密部件的衡量标准连数控仪器都达不到，只能由他完成。凭这项绝技，他在行业内独树一帜，无人能敌，极具竞争力。

再来看叶辉的成长轨迹，17 岁入行，意味着他并没有取得高学历，没有教育上的成就。他选择的竞争领域是精密研磨量具，一个很少有年轻人愿意从事的专业领域，最终，他用数年时间练就了让人叫绝的技术，成为这个行业令人敬仰的工匠。

乔·吉拉德是世界上最伟大的销售员，连续 12 年荣登吉尼斯世界纪录世界销售第一的宝座，他所保持的世界汽车销售纪录——连续 12 年平均每天销售 6 辆车，至今无人能破。

35 岁以前的乔·吉拉德是个全盘的失败者。高中退学后，因患有相当严重的口吃，他换过40份工作仍一事无成，甚至曾经当过小偷，开过赌场。35岁那年他破产了，负债高达6万美元。

在别人已经登上人生高峰的时候，他却跌入了低谷。

命运给了你比别人更低的起点，是想让你去奋斗出一个绝地反击的故事

为了生存下去，乔到一家汽车经销店担任销售，他很有耐性，不放弃任何一个机会。也许客户五年后才需要买车，也许客户两年后才需要送一辆车给大学毕业的孩子当礼物。不管等多久，乔都会隔三岔五地打电话追踪客户，一年十二个月更是不间断地寄出不同设计花样的印有“I like you!”的卡片给所有客户，最高纪录曾每月寄出1600张卡片，这些举动最后造就了他的不平凡。

小时候，他父亲总是说他根本不可能成才。父亲的打击一度让他失去自信，甚至有一段时间，他连说话都变得结结巴巴。幸运的是，母亲常常告诉他：“乔，你应该向所有人证明，你能够成为一个了不起的人。要相信这一点，人都是一样的，机会摆在每个人面前，你不能消沉、不能气馁。”

所以乔认为，你认为自己行就一定行，每天要不断向自己重复。要勇于尝试，之后你会发现你所能够做到的事情连自己都感到惊异。

屠呦呦，第一位获得诺贝尔生理学或医学奖的中国人，这是中国医学界人士迄今为止获得的最高奖项，也是中医药成果获得的最高奖项。她是一位“三无”科学家，没有博士学位、留洋背景和院士头衔，但这不妨碍她在高学历扎堆的医学研究领域成为杰出的科学家。

田中耕一也是一位诺贝尔物理学奖的获得者，他的故事更富传奇色彩：第一他只是本科学历，第二他只是一名非常普通的公司员工，却在43岁的时候就获得了世界最高奖项，要知道诺贝尔奖获得者的平均年龄是59.14岁，他可谓年轻有为。

社会上有无数个叶辉和乔·吉拉德，从低起点硬生生杀出一条走向高点的路，也有人如同屠呦呦和田中耕一，在所在领域取得引人注目的成绩，凭专业实力说话。

天才是少数，普通人也有机会成为行业翘楚。学历并不是通向成功唯一的通行证，努力可以让人变得强大。知识无关阶层、财富，只和个人专注程度相关，只要愿意付出，谁都可以以知识为竞争利器，成为行业专家。

通用知识

通识是获得赏识的通行证。

如果你要接待重要客户，愿意选择什么样的人担任助手呢？是举止得当、擅长照顾人、找话题解围的人，还是工作努力、性格内向、不擅社交的人呢？

露西是公司的部门领导，手下有两个实习生。下午有客户要来谈合作的细节，露西想给实习生一个锻炼机会，于是安排他们负责全程的客户接待工作。为防万一，她提前和实习生把接待细节和流程梳理了一遍。客户如期而至，只见一位实习生快速迎了上去，给客户开门、倒水、拎包、安排座位，会谈当中时不时把需要的资料递给客户，而另一个实习生总是慢一步，只好全程闷头记笔记。从此以后，露西更愿意带灵活的那个实习生拜访客户。

在网络热点文章《寒门再难出贵子》中，三个来自不同家庭背景的孩子有着不同的发展道路：出身企业家家庭的孩子擅长人际交往，出身公务员家庭的孩子擅长识别领导需求，出身普通家庭的孩子工作很努力，最终却在银行留用选拔中被淘汰了。

美国国家教育科学院曾对5万多名本科毕业生进行调查，在关于“什么知识最有用”的问题上，毕业1~5年的毕业生最多的答案是“基本技能”，毕业6~10年的最多的回答是“基本原理”，毕业11~15年的最多的回答是“人际关系”，而毕业超过16年以上的毕业生则提出“艺术、人文最有用”。

“基本”的意思就是最低配置。社会没有培养孩子“基本技能”和“基本原理”的职责，“基本知识”是孩子在进入社会前需做好的知识储备。那些看似“无用”的通用知识，在孩子进入社会后将成为“基本”配置。教育没有绝对的“徒劳无功”，中国父母不应只重视“有用的知识”，也要让孩子储备通用知识。

没有任何一个时代能够像今天一样，可以轻而易举地获取知识。知识领域博大精深，按照人类对知识的理解可分为4个维度：我知道我知道的、我知道我不知道的、我不知道我知道的、我不知道我不知道的。可见，人人都有知识交集和知识黑洞，人人掌握的都是局部知识。

人具有群居性，孩子终究要和他人形成合作交集，扩大通用知识的交集部分，会加速孩子融入团队的速度，形成群体共识，获得机会。

专业知识

我经常在不同公司做竞争力的自我测评，参与人员的自我竞争力认知完全不同。

我曾提出这样的思考问题："从新手用心学习到胜任你现在的岗位需要多少时间？"写下你评估的时间，并牢牢记住，因为这个时间就是你可以被其他人超越并替代的时间。

张静已有十多年的工作经验，认真思考后却只在纸上写下"一年"。她在一家公司做会计，工作稳定、压力不大，多年来做着重复的工作，早早就进入了职业倦怠期。除了会计工作,她不知道自己还能做什么。她说，这么多年就在年复一年的重复中度过，自从有了家庭，工作就退到第二的位置，得过且过。而现在学会计专业的人太多，如果公司辞退她，她都不知道自己还可以做什么。本以为有十多年工作经验就有竞争的资本，结果现在新人一年就可以替代自己，一时之间张静有些难以接受。

人的竞争力和工作时间长短无关，和投入在专业程度上的成长时间长度有关。

任何时候，一技在身都是你的立身之本

人力资源管理中有一份"岗位成熟度表"，评估岗位成熟的时间是人才选、育、留、用、裁的关键，避免人才断档或浪费，常用来了解公司人才梯队结构分布，确定是否进行人才储备或裁员。

假设销售人员从新手到合格上岗的时间是5个月，5个月就是成熟销

售的岗位替代时间；研发人员从新手到合格的时间是3年，3年就是替代者进入的时间门槛。人的竞争力取决于可替代的时间长短，岗位替代时间越长，竞争力越强，反之则越弱。

决定岗位可替代性的因素很多，但专业知识始终是竞争力的护城河。

对高中的学生来说，所有学科都是专业知识；对大学生来说，大学专业所学的是专业知识；对社会来说，不容易被替代的专长才是专业知识。

浅层的知识不足以建立竞争壁垒，专业知识要深入到一定程度才有竞争力。科研类的电子、生物、医药、人工智能等是专业知识；社科类的心理、消费、传播、营销等是专业知识；艺术类的设计、音乐、美术等也是专业知识。

专业知识不只集中在前端科技和研发领域，也涉及其他领域。有像上文中叶辉这样的专才，也有音乐大师、手工大师、非遗传承人、化妆师、服装设计师等，他们都需要具备极强的专业知识。

世界是公平的，你有多专业，就有多少底气。专业水平越过硬，你就越稀缺，在你没钱、没资源的时候，专业知识可以让你在职场站稳脚跟，具备和企业要价的资本，专业也可以让你摆脱仰人鼻息的地位，掌握选择的主动权。

世上道路千万条，专业知识第一条

来自河南省商丘市的民警苏唐诗，用业余时间走出了专业的道路。他用普通相机，走游客的路线，选择不同的视角去拍摄故宫。在蹲拍故宫6年，拍摄了30000多张绝美照片后，最终成就了《风云紫禁城》一书。

秋叶，专注PPT制作技巧，经过多年努力和钻研，最后成为领域内的专家，每年光授课就有上千万元的年收入，实现了普通人的梦想。

在日本，还有一位一辈子只做寿司一种产品的老人，经营一家只卖寿司、只有10个座位的小店，而他却被称为“美食届的奇迹”。

一位销售“网红”，努力打拼了多年，凭着在彩妆界积累的销售知识，借助新媒体，硬是在网络销售行业创造出了精彩。

同样是文字工作者，有的人已经将自己的新媒体运作得风生水起，也有的人还在苦苦追寻一份工作。

“择一事，爱一行，做一生”，把每一件简单的事情做到极致，就是专业。只有足够专业，普通人才可以突破资源、阶层的限制，最终出彩。

专业无关年龄，投入是关键

来自澳大利亚的10岁男孩Yuma Soerianto，是当年苹果全球开发者大会（WWDC）上年龄最小的参与者，他被库克点名出席，是2017年度苹果开发者大会上最小的程序员。他从6岁开始编程，已设计出5款App，平时他还会在网上开课，教大家编程。

WWDC大会上，82岁的若宫正子成了全场最年长的开发者。她是一名银行退休职员,60岁的时候第一次接触电脑,从此开始了“码农”之路。她花了半年时间就开发出一款App，在22年后她带着自己的作品来到苹果全球开发者大会上。

陈静的儿子从两岁开始就喜欢汽车，从站在街上认识汽车开始，经历了收集汽车模型、网上收集汽车知识、了解创始人的历史、去迪拜、日本、德国的博物馆看汽车历史、探究磁悬浮列车的原理等。现在才10岁，妈妈已开始让孩子学习汽车设计，孩子小小年纪就已经具备了丰富的汽车专业知识，而且还乐此不疲地继续探索提升。不出意外，他最终会选择和汽车相关的行业，在他进入汽车行业前，这些前期准备就是专业知识的积累。

掌握专业知识没有年龄的限制，只要孩子肯钻研。掌握专业知识没有专业的限制，但要足够专业，专业不是刚刚及格，而是要更精深。

处处都是专业知识，三百六十行，行行都能出状元。热爱和天赋让人拥有钻研的无尽动力，对多元智力的考查可以帮助家庭判断孩子专业知识积累的方向（见表5-7）。

表5-7　多元智力和专业知识对应表

多元智力	专业知识
语言智力	中文、外语、文学等
逻辑数学智力	科学、数理化、逻辑推理、法律、刑侦、医学等
身体运动智力	健身、训练、康复、护理、运动、保健、体质、体能、赛事赛制、手艺、制造、操作、游戏等
空间智力	设计、色彩、空间结构关系、美学等
音乐智力	乐理、乐感、发声、填词编曲、乐器、配乐等
自省智力	哲学、人文、历史等
人际关系智力	心理、管理、行为等
自然智力	天文、地理、自然、医药、食品等

选对专业，让大学成为积累专业知识的重要阶段

约有60%的人毕业后没从事自己所学的专业，但人生最不可辜负的就

是大学时光。大学是孩子进入社会前最系统地学习专业知识的时期。若孩子在高中时能锁定喜好，选择热爱的专业，可以在大学四年中把先发优势发挥到最大。在能够选择的范围内，选学科专业度高的大学会让孩子获得更多资源的支持，有利于孩子后期发展。

中国的顶尖大学已经从985、211向双一流大学转变，大学排名开始向学科排名细分，排名不仅给企业提供了招聘的参考依据，也给父母提供了选择专业的参考依据。

根据中国教育部学位与研究生教育发展中心公布的全国第四轮学科评估结果，学科等级划分一目了然，你需要了解的是，顶级大学里不一定全是A类学科，普通学校也有A类学科。

如果你期望孩子选择专业度高的专业，学科排名和多元智力考查会给你更多的规划启发。你可以登录网址http://www.cdgdc.edu.cn/xwyyjsjyxx/xkpgjg/，了解学科排名情况。

以下学科示例可以了解各校学科专业实力：

以学科代码为0810，名称为“信息与通信工程”的学科排名（见图5-3）。

以学科代码为0812，名称为“计算机科学与技术”的学科排名（见图5-4）。

以学科代码为0710，名称为“数学”的学科排名（见图5-5）。

以学科代码为1301，名称为“设计学”的学科排名，（见图5-6）。

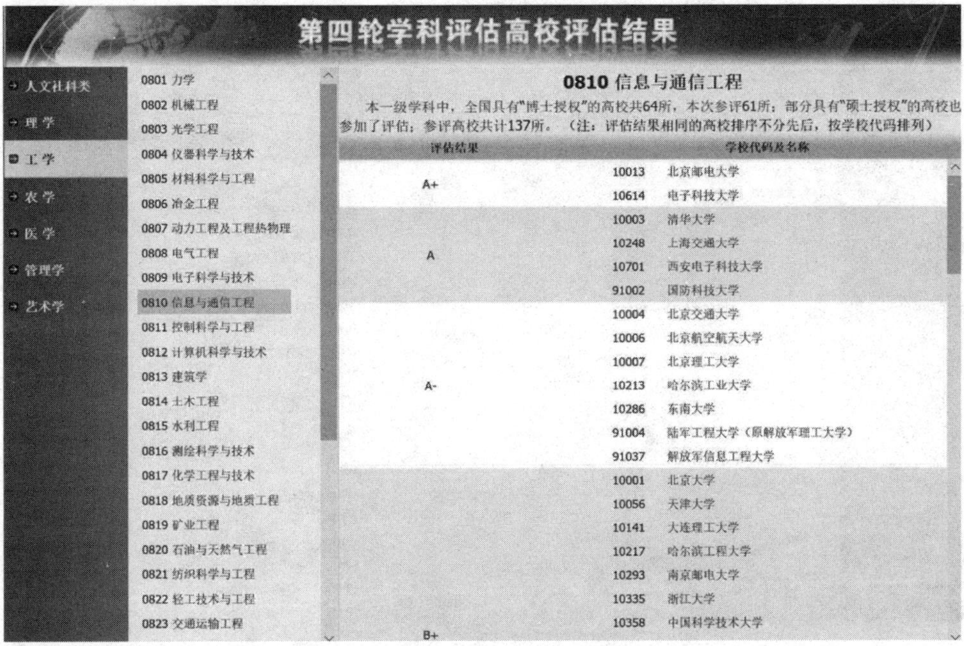

图5-3　信息与通信工程学科排名

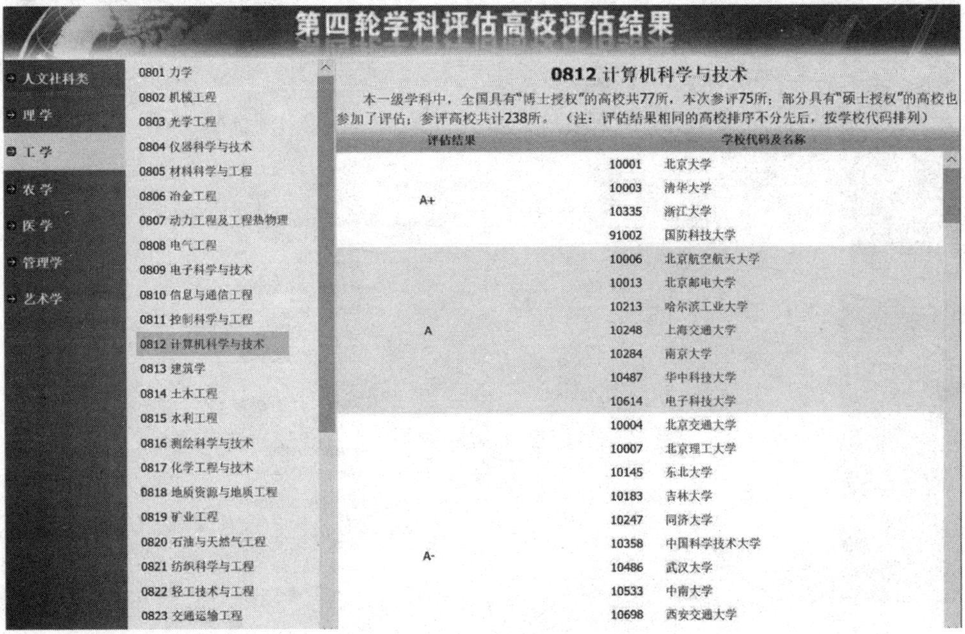

图5-4　计算机科学与技术学科排名

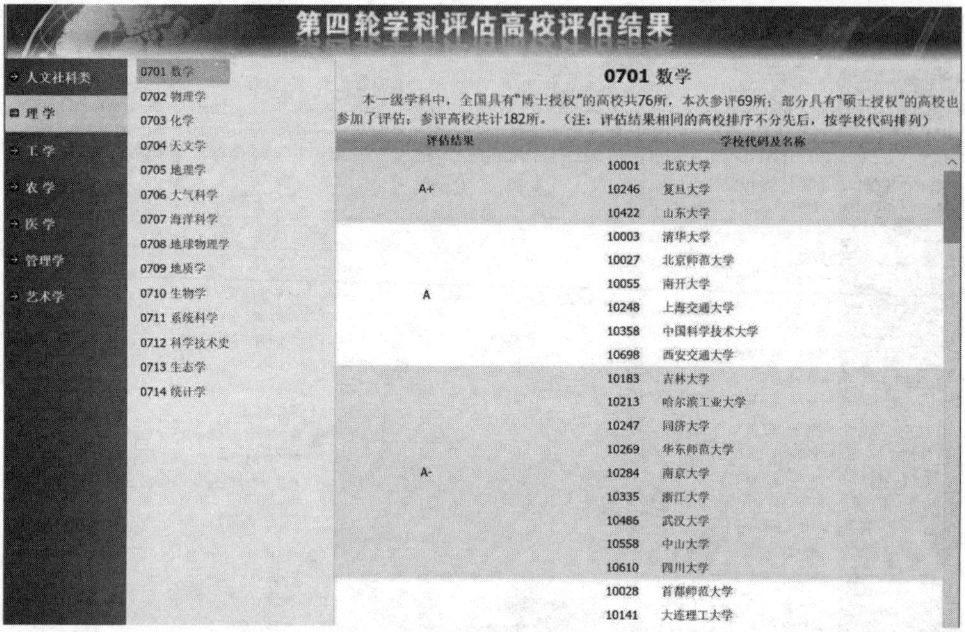

图5-5　数学学科排名

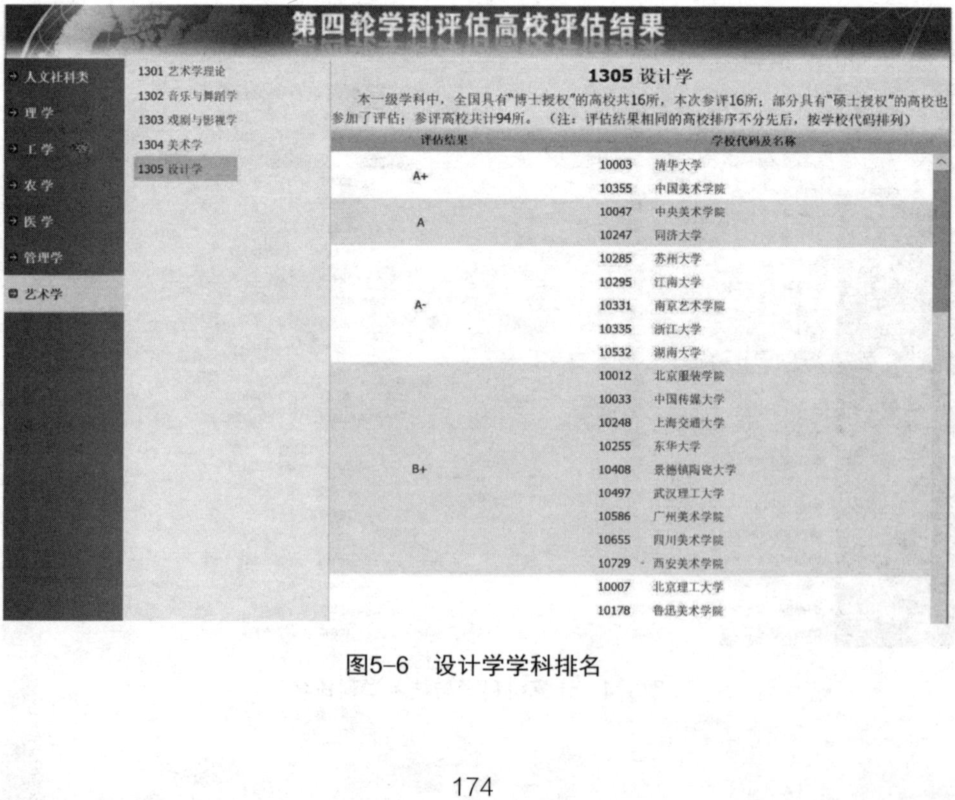

图5-6　设计学学科排名

尽可能在大学选择自己喜欢、专业度较高、有一定壁垒的专业，利用大学拉开差距。

无论学历如何，靠谁都不如靠自己。身怀绝技、手握利器，才能心中安定。

知识规划行动自我梳理

你可以根据孩子的情况，参照表5-8来建立孩子知识和日常行为的规划，让教育行动一目了然。

表5-8　知识和日常行为对应表（示例）

通用知识	具体行为
知识常识	**除课本之外的知识：**法律法规、教育、哲学、人文、地理、世界史、财经、互联网、电影、动漫、心理学等通用知识
生活常识	与日常生活相关的常识
服务常识	**眼里有活儿：**常见家务、常规职场工作；通常人们期望获得的帮助、职场尺度、生病护理等； **进阶服务：**客户接待，如提供什么样的水——热水、温水还是凉水、杯子摆放位置、接待细节等
社交常识	**社交礼仪：**主客之道、公众场所礼仪、商务肢体接触、迎宾送客流程、餐桌礼仪、位次排序、长幼差别、男女差异、个人形象等注意事项； **社交话题：**不同场合话题的选择、对他人隐私保护等
沟通常识	**表达艺术：**学会尊重别人、学会理解接纳不同的观点、学会使用尊称、不打断别人说话、不攻击别人、别人讲话的时候不要做其他事情等
情感常识	爱情、亲情、友情交往规则及日常注意事项

第六章

教育规划行动计划

学习动力——从找到目标开始

用内驱力激发孩子的学习动力

和孩子谈未来，最怕孩子说“随便”两个字，随便背后便是无欲无求或者知足常乐，这两种状态可以用在对生活、对物质利益的追求上，但用在求学的问题上就是对个人进取的阻碍。

小小年纪就无欲无求，会让父母不知所措。

孩子问：“我为什么要好好学习？”

父母说：“好好学习是为了将来上个好大学，找个好工作，过上更好的生活。”

孩子说：“现在生活已经很好了，我为什么还要好好学习？”

这种对话场景常出现在家庭中。

莉莉的家庭条件比较好，生活条件优渥，别的孩子奋力拼搏的终点可能只是她家孩子的起点。在孩子学习的问题上,莉莉什么方法都尝试过了。无论她给孩子报多少补习班，哪怕是一对一的高端私教课程，孩子的考试成绩还是全班倒数。

她是位努力上进的妈妈，不断参加各种培训、坚持读书、带孩子结交优秀朋友等。她对孩子各方面都很满意，唯有学习成绩让她比较头疼。她知道孩子很聪明，但不明白为什么他就是对学习不上心。

梦想多强大，孩子就有多拼搏

初中的小恒同学告诉我，他的梦想是成为一名牙医，早早地就选定了梦想的大学。在国内，医学专业的录取分数非常高，小恒心目中的“白月光”大学分数尤其高，他清楚地知道必须努力学习才能实现梦想。小恒在一所私立学校上学，从小到大没有补课，可学习成绩一直名列前茅。他的秘诀是认认真真上好每堂课，下课后除了老师布置的作业，还会主动找资料来学习。把日常当考试，把考试当日常，不知不觉中，就成了“别人家的孩子”。

没有目标的孩子，哪里都能遇到困难，处处都能找到借口；有目标的孩子，眼中哪有什么困难，他们甚至舍不得把时间浪费在非目标上（见图6-1）。他们不用去看《凌晨4点洛杉矶的样子》或《哈佛图书馆每晚迟迟不灭的灯光》这些励志文章，有梦想的孩子本身就在创造“凌晨洛杉矶的奇迹”。

当别人打开电视机时，他们在学习；

当别人玩游戏时，他们在学习；

当别人找借口休息时，他们还是在学习。

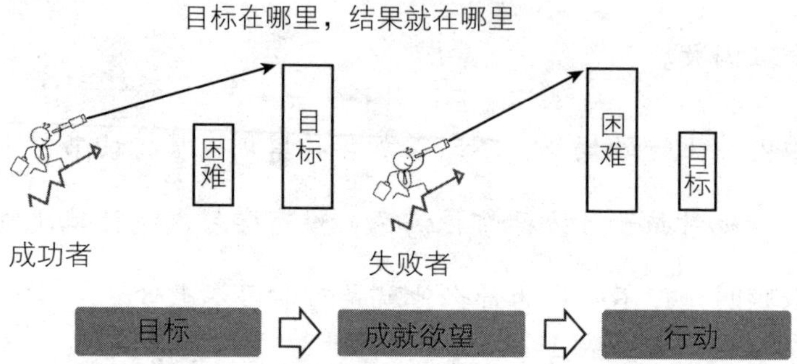

图6-1　孩子没有学习动力的原因

困难，就是给自己找的安心偷懒的借口；梦想，最终会转化为坚毅的行动。有梦想的人从不给自己留一丝遗憾。现在，你需要做的就是找到孩子内心的需求，从需求入手激发内驱力。

内驱力的来源

心理学研究表明，动机是在需要的基础上产生的。

邹翃燕的孩子丁丁出生时，被医生判定为宫内窒息加颅内出血，存在瘫痪或智障的可能。在孩子父亲都选择放弃的情况下，她仍然坚持保住孩子。丁丁从小就肢体不协调，语言发展缓慢，在当时的情况下，没有人知道这样的孩子会有怎样的未来。

面对先天有问题的孩子，陪伴他成长注定是艰苦又前途未卜的任务，没有爱人的支持，意味着邹翃燕孤立无援。

为母则刚，邹翃燕的目标就是让孩子能够和正常人一样自理、自立。

普通孩子轻而易举就拥有的起点却是丁丁必须奋力追赶的终点，目标让邹翃燕从人们眼中柔弱的“林黛玉”变成坚毅的母亲。

孩子和父母共同成长，荣辱与共，彼此成就。在共同修炼中，邹翃燕坚韧地努力着，耐心再耐心，坚强再坚强。最终，孩子被北京大学录取，又拿到了哈佛大学的硕士学位。而邹翃燕在一路的修行中，个人能力不断增长，事业也不断进步。

“多一些坚持，孩子都能成为可以自立的人。”在教育孩子上，她始终不站在孩子前面，不辅导孩子功课，也不逼着孩子上培训班，而是让孩子自己去寻找解决方案。

一路上，邹翃燕也焦虑和心疼过，也曾有过动摇和自我怀疑，但无论多么困难，她从不放弃。她尽一切努力让孩子“尽自己所能过得更好”，在孩子漫长的成长过程中，她从未忘记自己的教育初心。

有多少孩子比丁丁起点低？有多少父母比邹翃燕资源少？让丁丁从“至暗时刻”走入“高光时刻”的正是家庭教育的力量。让孩子像普通人一样生活的渴望成为这位妈妈强烈的动机，让她克服重重困难达成所愿。动机有多强，行动就有多坚持。

世间总有美好值得去追求，再小的梦想也会激发行动的欲望。孩子越小越容易激发目标，规划启动得越早，教育后期就会越轻松。

内驱力由心而发，行动才能持久稳定。内驱力来自内心需求和外部诱因。内心需求方面要关注孩子喜欢的、能够激发成就欲望的事物；外部诱因方面要关注孩子使命感和心之所向的事物（见图6-2）。

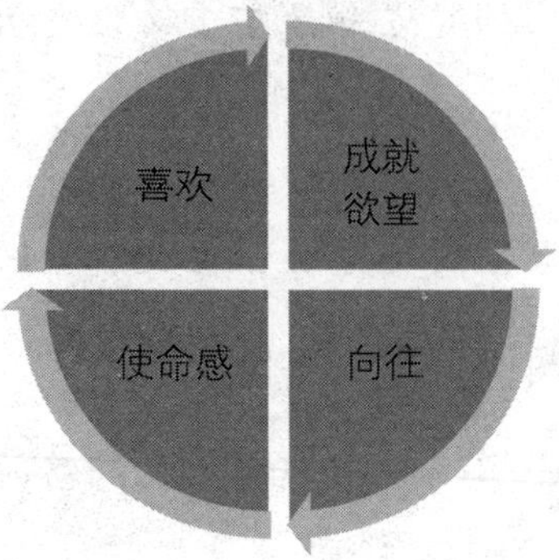

图6-2　内驱力模型

1．喜欢的事物：做喜欢的、热爱的事情

人生最大的幸福莫过于做自己喜欢的事情，喜欢就是一束光，让人向光而行。为了热爱的事物，人们可以忍受挫折、困难、孤独；能抗住重重压力，在绝境中重生。当孩子做自己喜欢的事情时，废寝忘食、心无旁骛、眼中有光、积极奋进等类似优点就会体现在孩子身上，因为做自己想做的事情，再苦都是享受。

不知道孩子的兴趣爱好，是父母的失职。如果你说“我的孩子只喜欢打电子游戏”，只能说明孩子还没有找到自己真正的兴趣。

兴趣是从尝试到聚焦的过程中产生的，尝试越多，越能使孩子充分发现自己的兴趣爱好。孩子刚出生时，往往是大多数父母打拼事业最忙的时候，但无论生活再忙，还是要留出时间给孩子，在有限的时间内给孩子高质量的陪伴，认真观察孩子的成长，逐步了解孩子的喜好。

一位妈妈跟我说她的孩子特别喜欢踢足球，为了不让妈妈取消自己踢足球的活动，孩子可以接受妈妈的各种安排，包括他不喜欢的课外班。他跟妈妈说："只要你让我踢足球，我保证无论多晚，都会完成你安排的任务。"面对孩子如此期盼的眼神，谁又忍心拒绝呢？最后，妈妈让孩子自己安排兴趣活动和学习计划，发现孩子不仅能高效完成学习任务，也能保证足球训练的时间，他们的亲子关系更加融洽。

请保护好孩子的好奇心，尽可能让孩子多尝试，找到真正喜欢的事物。因为喜爱，生活就会有光，谁也无法阻止孩子向光奔跑。

2．向往的事物：人人心中都有向往的生活

向往的生活或许是一种生活状态、一种成为"超级英雄"的感觉。无论是精神上还是物质上的向往，都来自羡慕和渴望，源头往往是日常所见所闻。

对孩子来说，人物的影响力更大，甚至会成为职业的启蒙原点。英雄有可能是父母、电影或故事人物、身边敬佩的人、英雄人物、老师、专家学者、曾经给过孩子温暖和爱的人等。

彭先生是一所学校的书记，来向我咨询孩子选择专业的问题。他的孩子高考分数全省排名前300，专业和学校的选择余地很大，他期望孩子选择计算机专业。在现场，孩子低着头一直不表态，于是我让孩子谈谈他的想法，孩子说他想成为一名牙医，究其原因居然是源于初中的一次偶然相遇。因为他的牙齿不好看，经常被同学笑话，他变得沉默起来。从初中开始，妈妈带他去看牙，看病的医生非常幽默风趣，经常鼓励他，他很喜欢这位医生。彭先生没想到，这么偶然的人生交集，居然在几年后影响着孩子的专业和职业选择。最终彭先生同意支持孩子，让他选择了一所知名大学的口腔专业。

“超级英雄”带给孩子的榜样力量，会转化为现实生活中的动力，甚至影响职业选择。

因为心之向往，所以行之所动。

3．有成就感的事物：内心深处对成功的渴望

再糟糕的人，都渴望得到他人的认可。

海梅斯·埃斯卡兰特，你也许不知道这个名字，但你一定听说过这句话——“没有教不好的学生，只有不会教的老师”。这句耳熟能详的名言，就是出自海梅斯之口。

他几乎包揽了美国历史上所有最高级别的教师荣誉，但最初他却是一个不被美国承认有教师资格的老师，被迫任教于当地排名倒数第一、管理极其混乱、桌椅歪歪扭扭、窗户破烂不堪的一所破学校。学校里95%的学生来自贫困家庭，他们打架、闹事、穿奇装异服、脏话连篇，整天只会嘈杂地喊着：“我不想上数学课，只想上性教育课！”有的学生甚至嚣张地指着老师说：“走走走，我们这里不欢迎你！”

面对这样的学校和学生，海梅斯有两种选择——放弃或坚持。为了生存，他不得不选择坚持。结果出人意料——他拿着菜刀走进教室，经过多年努力，把400个“混混”送进了哈佛、耶鲁等名校。

他是怎么做到的呢?

他经常跟学生们说：“上我的课，你只需要带一样东西，而且你必须每天都带来，那就是对成功的渴望。”

如此顽劣糟糕的孩子，内心深处仍然藏着对成功和对证明自己的迫切

渴望，他们用这份渴望创造了奇迹。

谁都会拥有成功的欲望，当欲望在某一时刻达到临界点，就会爆发无穷的力量。渴望的程度就是产生热情的原料，渴望越强烈，热情越高。

海梅斯·埃斯卡兰特充分证明了罗森塔尔的期望效应：**“如果你把孩子当作失败者去教育，那么他将来一定会成为失败者，如果你把孩子当作成功者去教育，那么他将来就会成为成功者。”**

渴望得到他人的关注和认可，而当学习又是唯一能让人信服的证据时，孩子就会选择要么学习出众，要么行为出众来博得成就感。

4．使命感：最高层级的动机

责任和担当是内驱力的最高层，对孩子来说，这个话题显得深远而厚重。

国家使命感。我们提倡孩子具有为中华崛起而读书、为国争光、强国富民的国家使命，在此号召下，每代青少年都为之奋斗，因国家使命感而产生的内驱力强大而持久。

家庭使命感。孩子的使命也可能是改变家族的命运、实现父辈的梦想。例如，“全家就指望你能考出去，到大城市生活”“把家里的企业好好经营下去，不能在你手里毁了”“千万别再像我一样”。

家庭条件不好的孩子，通常肩负改变家庭命运的责任，读书是唯一改变命运的机会，他们别无选择，唯有奋勇前进。无论条件多艰苦，教育资源多局限，都不能阻挡他们奋发图强。

父母因某种原因没有实现自己的理想和抱负，就让孩子继续去实现。

如果孩子接受，就会转化为使命感；如果孩子不接受，就有可能引发教育的冲突。

期望改变某种社会现象的孩子，使命感会更强。比如想帮助更多的家庭摆脱病痛折磨，立志学医，期望帮助家人以及更多需要帮助的人；再如对环境污染痛心疾首，想通过努力去改变垃圾处理的方式。

使命感会让孩子奋勇向前，直达目标；会让孩子以大局为重，不因为自己的喜好和意愿而改变，能接受自己不喜欢的事情。有使命感的孩子，更能接受现实中的困难和逆境，控制自我情绪。即便不喜欢应试教育，也会忍耐和强迫自己努力学习。

内驱力是孩子内心产生的欲望，自我驱动大于外部推力，这种内在激励比外部的奖励更能激励他们。

激发孩子的内驱力，你要先梳理这几个问题。

1．孩子喜欢什么？这种喜欢是刚露出苗头还是坚持了一段时间？

2．孩子向往的是什么？吸引孩子的事情是什么？

3．最让孩子有成就感的事情是什么？怎么做会让孩子获得成就感？

4．孩子有没有使命感？我平时给孩子传递的使命感是什么？

想清楚这些问题，才能更好地帮助孩子找到目标。

帮孩子找到目标的方法

你还记得你小时候写的题为《我的梦想》的作文吗？

你是什么时候有梦想的？

你的梦想是如何产生的?

你认为孩子的梦想会如何产生呢?

2018 年，我去参加国际分子前沿论坛举办的全球青少年好奇心挑战大赛颁奖典礼。这个大赛已经举办了 10 多届，吸引了来自全球 190 多个国家的孩子参加。整整两天的会议在麻省理工媒体实验室召开。演讲嘉宾有诺贝尔奖获得者、全球生物界专家、基因泰斗、全球机器人大赛创始人、杰出的科学家等共计 15 人，每个嘉宾分享 1 小时，内容十分精彩。其间我看到一个 10 岁左右的男孩，全程都在专注地听讲。我非常好奇这么专业的内容，这个孩子为什么喜欢呢?

休息时间我和他聊了起来，他的爸爸就在旁边安静地看着我们聊天。爸爸是波士顿一家知名医药公司的研发工程师，非常关注这项会议和大赛，随着孩子长大，他便开始带孩子参加这个活动。几年下来，这对孩子影响很大。当孩子说想和爸爸一样从事生物医药领域方面的工作时，眼中闪烁着执着和热爱的光芒。更让我惊讶的是，他居然是 2018 年度全球青少年好奇心挑战大赛年龄最小的获奖者。

苹果公司的创始人乔布斯小时候随父母住在硅谷附近，邻居都是惠普公司的职员。在环境的影响下，乔布斯从小迷恋电子学，惠普工程师们看他如此痴迷，就推荐他参加惠普公司的“发现者俱乐部”。俱乐部是专门为年轻工程师举办的聚会，每星期二晚上举行，大家一起交流自己发现的新技术，互相学习。在这里，13 岁的乔布斯见到了电脑并产生了兴趣，从此一发不可收拾。

梦想形成的过程漫长且不着痕迹，和社会大环境以及父母营造的教育环境有关。

出生于中国20世纪五六十年代的父母，大部分人没有规划的概念。他们在生活中个人意愿发挥作用的余地不大，职业发展更多以使命感为主，以国家需要为主，毕业生由国家分配工作。教育和分配机制的特殊性，让五六十年代的父母在培养七八十年代的孩子时，主要关注成绩，较少思考孩子的教育规划问题。

当家庭教育规划意识在代代传承中缺失时，七十年代的父母在培养下一代时也鲜有规划的概念。

2015年之前，中国的教育在学生梦想和规划的培养上非常缺失，一直到进入大学前，孩子的学习环境与社会基本隔绝。近年来，随着国家提出学生职业规划教育的具体要求，各地的学校才开始逐步跟进。由于教育体系的特殊性及升学考试的压力，规划教育推进得很缓慢。

中国的规划教育起步较晚，师资来源单一，一般由心理学或其他相关学科的老师担任或兼任。而且规划老师对社会人才发展、能力需求、选拔培养等也缺乏具体深入的了解，因此给学生做规划时，容易产生脱节或者滞后的现象。

随着互联网时代的发展，科技正在深刻地重塑世界经济的规则，尤其是新技术、新网络、新信息的出现，让七八十年代出生的人们感受到社会发展对自我发展的冲击，意识到新时代下机会和挑战并存，变革的冲击让他们开始思考自己孩子的发展规划。

2015年，中国下一代教育基金会对上海地区的父母做了关于孩子职业梦想的调查。结果显示，有62%的年轻父母“不了解孩子的职业梦想”，但有82%的年轻父母认为“从小开始培养孩子的职业梦想是非常必要的”。年轻父母在孩子的培养问题上已经有了规划的意识，他们认为让孩子树立梦想的首要前提条件是“孩子对各种职业充分认知后产生兴趣”，并认识到家长的教育和模范引导作用非常重要。

世界上其他国家对孩子的教育规划有不同的做法。

在美国，规划教育得到政府和民众的重视，在理论和实际方法上都有很好的应用和推广。美国《国家职业发展指导方针》规定，从小学开始就要培养孩子的职业意识，开展职业发展的指导，与就业有关的能力训练多达12种。他们认为，一个人要经过长期循环往复的过程，才会找到自己真正热爱的职业方向。

新加坡从小学开始就进行职业发展的思考和分流，教育部教育和职业指导（ECG）的计划涵盖范围从小学五年级到中学、初级学院、技术教育学院及理工学院。不仅有孩子学习的课程，还有家长学习的课程，目的就是增强对家长和学生的教育与职业指导，鼓励学生发现与培养自身的能力与兴趣。

梦想的形成是多维环境影响的结果，需要多方共同发力，建立立体培养体系——学校、父母、孩子及社会缺一不可。

从狭义上来看，职业会随着社会发展不断消失和新增，仅根据职业细分来做规划，会局限孩子的发展。从广义上来看，孩子一生会经历不同的经济发展周期，是长期且充满变量的，应依据长远目标来做规划，让孩子具备应对社会变化的底层操作系统，即使面临结构性经济调整，也容易及时切换发展跑道。

结合其他国家已经推行的方法，及近五年来我曾做过的大量实践，表6-1中的方法能帮助父母引导孩子怀抱梦想，树立长远目标。

表6-1　孩子梦想形成行动建议

层　面	行动建议
理论层面	**对父母：** 1．学习规划的相关知识； 2．建立社会发展信息和梦想规划的关联思维。具体按PEST五层分析法进行，通过信息看社会变化； 3．让孩子明确职业的概念。 **对孩子：** 1．阅读名人传记类的书籍； 2．阅读社会发展变化的书籍及深度的评论文章； 3．帮孩子建立了解社会变化的信息渠道，如通过电视、手机、电脑、朋友聚会、专业沙龙等； 4．根据孩子年龄，使其逐步了解各行业的发展及岗位、人才需求
实践层面	**认知层面：** 1．日常生活中可以介绍家人的工作内容、能力、环境、薪酬及对社会的影响； 2．场景认知：给孩子介绍社会基础行业的功能及相关工作岗位，如医院、银行、商场、通信、电力、政府、工厂、餐厅、房产等； 3．带孩子参加专业的沙龙活动； 4．邀请不同行业的朋友向孩子分享工作内容； 5．观看多个领域的电视节目。 **探索层面：** 1．参加真实的职业体验：真实感受社会变化、了解从事该岗位人员的状态、工作场景及能力； 2．社会实践：根据孩子的年龄，让其参加相应的社会实践； 3．参加专业学习； 4．模拟面试：预设一个岗位，让孩子提前做好面试准备，通过模拟面试的方式让孩子了解岗位的职责、自己的能力水平、岗位匹配程度、需要提升的方向。在有能力的情况下，让孩子完成SWOT分析表； 5．模拟活动：设计一个城市场景，让孩子选择模拟角色，并根据角色来模拟运营； 6．实习

世上没有无缘无故产生的梦想，要想让孩子拥有什么样的梦想，就要创建这种梦想产生的环境。一朵云可以推动一朵云，梦想也会推动梦想，孩子的梦想是可以引导和创造出来的。

实现目标，从这四个管理工具开始

拥有清晰的目标，家庭教育就会远离“茫”“盲”“忙”的境况，实现家庭教育目标不能只是停留在口头理念上，而应该以目标为主线，串起散落在日常生活点滴中的行为，点、线、面地延展开来，最终把目标由虚化的构想转化为实际的行动。

培养孩子是一个庞大的工程，任何工程都需要科学的、系统的统筹部署，需要有科学工具支持。正向的海恩结果是由无数个同向的过程结果叠加而成的，管理好关键过程，结果自然水到渠成，规划就是做好人生关键时刻各种成长方案的关联设计。

依据长远目标展开的各种时期的培养，都是同向过程目标，成长的过程就是同向助力。把长远目标分解在这些关键时刻：幼升小、小升初、中考、高考、职场，不仅可以分解时间压力，也可以进行能力阶梯式分层培养，让教育变得更加从容。

在本书中，我们花了大量篇章在教育战略定向上，接下来就是依据目标展开培养，通过科学工具进行目标管理，将目标落实到具体行动中去。目标管理可以依据图6-3中的四个工具厘清目标、管理目标、形成可执行的培养计划。

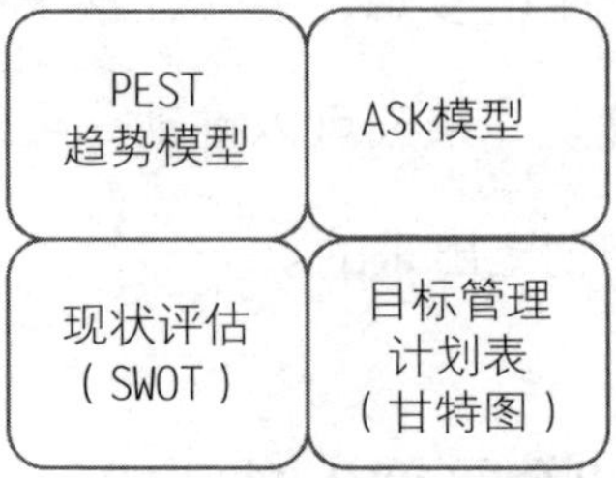

图6-3　目标管理的工具

希望你能掌握PEST趋势模型、ASK模型、现状评估的SWOT分析法以及目标管理计划表的绘制和使用，这些工具的作用就是帮助你找到符合社会趋势、匹配孩子特征的目标。

接下来，根据目标来设计孩子的培养行动计划。

目标和现状的差距就是家庭努力的方向

李静的孩子刚刚上高三，选择了文科，目标是考入中国C9院校。她问我现在孩子准备参加自主招生是否来得及，当我给她讲解了自主招生的要求、方向、需要准备的资料、学校要求提交资料的时间后，她当时就愣住了，万万没想到参加自主招生需要准备这么多的资料，需要这么长的时间准备。

杨峰的孩子在伯克利大学即将毕业，接下来选择攻读硕士学位，孩子的目标是留在美国工作。通过锁定期望就业的目标公司，梳理目标公司历年招聘的岗位需求，孩子从学历、专业、经历、能力等方面进行自我现状对标，明确接下来需要投入多少时间来完成硕士和博士学习，以及在此期间他还需要完成的相关经验积累、寻找的行业资源和渠道、准备的试验、提升的能力等。把这些要完成的任务罗列下来，通过“目标管理计划表”把所有任务管理起来，并分解到日常计划表中，让每个阶段要完成的任务周期、节点、达成标准清晰明了，全部实现目视化管理。

孩子对完成目标变得很有信心，对于从哪里着手准备、需要准备什么等问题都可以通过有效的工具梳理下来，让计划一目了然，立刻就可以采取行动。

请你把已经完成的家庭教育规划目标分解（实际）表（见第124页）及自家孩子现状评估表（见第90页）拿出来，仔细梳理现状和目标之间的差距，这就是家庭需要努力的方向（见图6-4）。

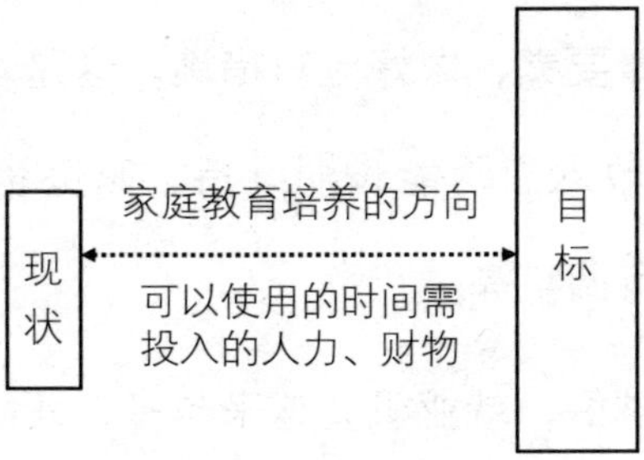

图6-4 目标和现状的差距

图6-4可以让你清晰地知道差距有多大、需要多长时间、家庭的资源是否能够支持。目标越明确、现状越清晰，准备就越充分。在有限的时间内，通过目标来思考培养计划，把资源和时间杠杆利用到最充分，获得先发优势和时间复利效应，达成目标，这就是目标管理的意义。

不可忽略的教育变量

从现状到达成目标的过程中，培养周期较长，家庭需要考虑风险变量，结合变量要素来完善行动计划，让计划更加灵活，响应变化速度更快。

老李经营着一家外贸公司，早期经营得顺风顺水，家产颇丰。他期望孩子在学习方面不要有太大压力，于是计划送孩子出国学习。他很早就给孩子选择了一所特殊体制的学校，孩子高中在国际学校学习。高二时，老李的公司遭遇了经济问题，公司破产，还背负了高额外债，孩子出国留学的费用对他来说压力实在太大。高三的时候，孩子跟他说准备放弃出国留学。而之前选择了国际学校，意味着孩子没有学籍，当年的高考报名又已结束，孩子又不愿参加国外大学的申请，老李一下子不知道该如何是好，最后不得不让孩子去复读，来年再参加高考。

人生周期中总有可能遇到“黑天鹅”和“灰犀牛”事件，给孩子做规划时应充分考虑变量要素，做好应对措施，这是对父母自我风险管理的考量。例如考虑家庭收入是否能长期维持、家庭资源是持续上升还是下降、相关政策是否会有调整等。

中国的发展越来越好，就业机会越来越多，薪酬水平也在逐渐提升甚至超过国外，是否还需要通过移民策略让孩子接受国外教育?

国外大学也在逐步承认中国高考成绩，孩子是否还需要到高中的国际部或者国际学校学习?

国家小升初政策调整了，如何选择学校?

新高考改革开始，面对“3+3”或“3+1+2”的选择，对孩子选择专业会有什么影响?

目标方向明确，变量思虑周全，计划越清晰，执行效果越好。

工具让目标变成现实

用科学的工具对目标进行管理，能更有效地提升效率。

规划工具中，关于PEST、SWOT及竞争策略，前面章节已经讲述，本章节不再赘述，接下来一起来完成目标计划管理表。

目标管理计划表又称甘特图，是实现目标管理的有效表格，能直观地表现出任务安排以及任务之间的关联性。甘特图可以让你从大量密密麻麻的目标中梳理出逻辑，方便对既定目标进行跟踪和管理，让家庭教育培养行动井井有条，避免“东一榔头，西一棒子”的情况。

第一步：完成表6-2“家庭教育目标管理计划”

请按表6-2中的项目建立一张电子表格以便进行编辑。可以用专门的甘特图管理软件，也可以建立EXCELL表格。此表将作为梳理家庭教育目标的基础表格。

你需要和家人一起填写，完成这张表，共同讨论，得出统一的家庭教育目标。

目标提炼方法

当目标不清晰时，可采用“头脑风暴”法来完成，帮助家庭成员产生新观念、激发创新设想，帮助家庭成员打破常规、积极思考、畅所欲言、充分发表看法。

具体方法：

父母找一个安静的场所和较长不被打扰的时间段，拿出纸笔，按照ASK模型及图6-5中的要素逐个进行讨论。

表6-2　家庭教育目标管理计划（甘特图）

孩子现状：

ESBI思考

竞争策略

培训方向	长期目标方向	目标描述（基本符合SMART原则）	主责任人	协助人	计划完成时间	可用时间（年）（完成时间-孩子现有年龄）	培养方式	培训资源需求
A（态度）								
S（能力）								
K（知识）								

目标方向：可参考本书中提及的三个维度方向。

目标描述：采用SMART技巧，精准地完成目标的语言描述。

培训方式：指采用什么方法，如自学、讨论、模拟训练、实战培训、项目式培训、外部机构训等。

培训资源：指谁来培训，如培训机构、朋友资源、家庭资源等。

注：SMART原则见第206页讲解。

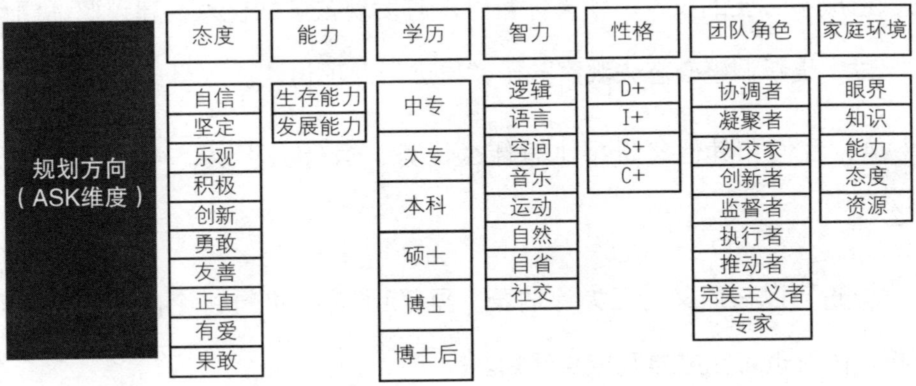

图6-5　家庭教育规划要素

讨论议题如下：

1．你认为社会会如何发展

注意事项：夫妻双方畅所欲言，不带偏见和情绪地进行讨论。

2．完成ASK模型

A（态度）：你想培养什么样的孩子?

S（技能）：你认为孩子未来需要具备什么能力?

K（知识）：孩子需要具备什么学历？专业方向和通用知识达到什么水平?

注意事项：父母充分沟通并做好记录，直到大家没有新的信息产生。把目标罗列下来逐个讨论，最后用减法进行目标聚焦，在ASK的每个维度只剩下3~5个目标为宜。

3．我们的孩子有什么优势、有什么不足

注意事项：争取做到客观公正，片面的评价会让目标和计划失去客观性，造成不必要的投入。如果你暂时没有发现孩子的优点，建议此话题可以跳过，重新调整心态去观察孩子，再进行此项讨论。

4．我们和其他父母相比有什么优势、有什么不足，可以帮助孩子什么

评价可以按照父母五力评估表（见第109页）进行讨论，客观准确地剖析，同时也可完成自我成长计划。

5．确认共同目标

双方按照表格内容逐项讨论完毕后，确认共同达成的目标。

下一步：完成表格内长期目标的内容填写，可参考表6-3。

实施目标规划的要素

实施是方案落地的关键。你已经完成家庭教育培养方案的制定，接下来就要把方案落实到执行上。

达成目标有三个关键要素，搞清楚这些要素你才能更好地做准备（见图6-6）。

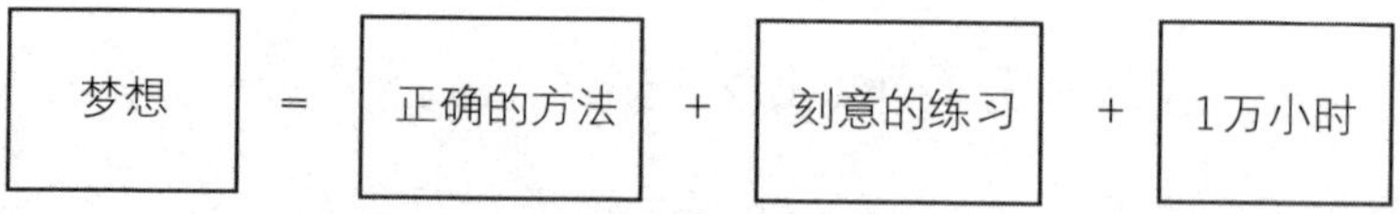

图6-6　达成目标的关键三要素

1．正确的方法：使用PDCFA质量管理

在家庭教育项目中，制订方案容易，监督执行难，PDCFA质量管理工

表6-3　家庭教育目标管理计划（示例）（甘特图）

孩子现状：男，13岁，初一								
ESBI思考	孩子比较活跃，形象还不错，个子高，不喜欢被人管制和约束；初一参加话剧社团，他很喜欢。我期望孩子具备一技之长，最终能够进入S（自由职业者）象限，大学毕业后可以在E（员工）象限工作3~5年，为进入S象限做资金和资源的积累。30岁前进入S象限，如果收入还可以，可以同时向I（投资家）象限发展。最终让孩子实现财务自由，做自己想做的事情							
竞争策略	差异化+专一化：让孩子一专多能，初中开始培养未来社会需要的多种能力和意识，高中开始集中备战高考； 大学选择一个喜欢的专业，为自由职业做准备，如果没有考上喜欢的专业，就让孩子选修自己喜欢的专业课程或者自学，同时提升和巩固能力							
长期目标								
培训方向	**长期目标**	**目标描述（基本符合SMART原则）**	**责任人**	**协助人**	**达成时间**	**可用时间年**	**培训方式**	**培训资源**
A	团队合作意识	在工作和团队中与各种性格、各种才干的人相互合作，相互学习，取长补短，最后共同达到目标	母亲	父亲	大学毕业	9	外部机构	学校有相关资源
	社交能力	能够有效利用外部资源，协调外部关系，达到自己的目标	母亲	父亲	大学毕业	9	实战培训	家庭有相关资源
	抗挫能力	能够勇敢面对困难，进行自我反省和总结，主动寻求处理和解决问题的办法	父母	父母	高二	4	讨论	父亲有能力完成

续表

培训方向	长期目标	目标描述（基本符合SMART原则）	责任人	协助人	达成时间	可用时间年	培训方式	培训资源
S	良好的表达能力	能够声情并茂地展示自己；感染、说服其他人；在面试或考试时打动别人	父亲	母亲	大学毕业	9	外部机构	外部机构资源
							外部机构	外部机构资源
	批判性和逻辑思维能力	能够辨别事实和观点，学会用事实去支撑观点，而且善于表达自己的观点，对事物有自己独立的见解	父亲	母亲	高中毕业	5	讨论	母亲有能力完成
	搜索、查阅和分析信息的能力	能够借助互联网快速查找专业信息，自己进行独立分析、判断和总结	父母	父母	高中毕业	5	讨论+实战培训	父亲有能力完成
	创新能力	能够以有别于常规或常人思路的见解为导向，利用现有的知识和物质条件，改进或创造新的事物，实现创新价值	父亲	母亲	大学毕业	9	讨论	家庭有相关资源
K	学科知识	考上排名靠前的985大学	父母	父母	高中毕业	9	外部机构+学校	外部机构+学校
	商业知识	具有财务的敏锐度，能够快速准确地做出商业判断	父亲	母亲	大学毕业	9	实战培训	母亲有能力完成
	通用知识	具备比较有广度的通识知识面，并从中探索和发现自己的兴趣和爱好，然后找到方向，掌握深度知识，为将来的职业方向打下基础	父母	母亲	高中毕业	5	自学+讨论	家庭有相关资源

具将帮助你做好目标的全面质量管理，让所有资源及行动有机地联系起来，彼此协同，互相促进，达成目标（见图6-7）。

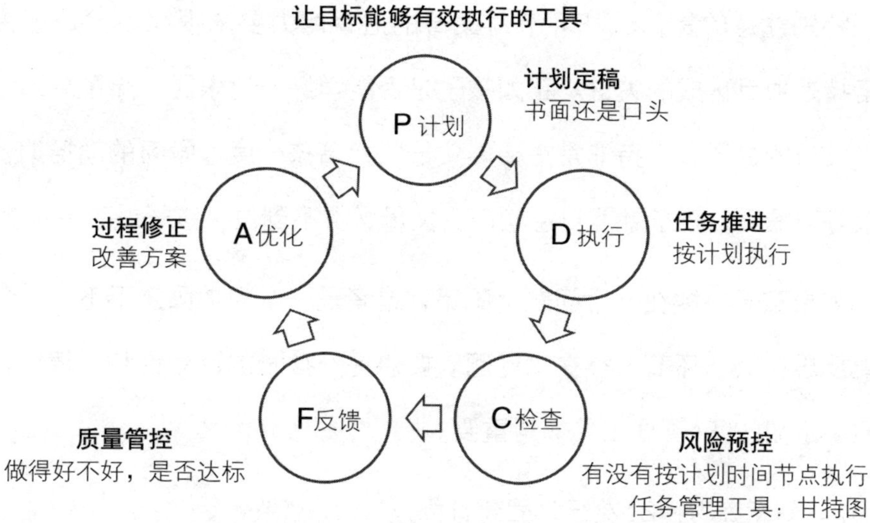

图6-7　PDCFA质量管理工具

P：做计划。你已经顺利完成。

D：开始执行。你已有实施方案，且已放入时间计划表中，只需按表执行即可。

C：检查。设定检查进度和质量的节点，这是完成任务的重要步骤。确认进度是否按计划推进、节点任务完成的质量是否达标。

F：反馈。检查阶段性结果要及时反馈给任务执行人，此环节关系到计划下一步优化改善的环节，容易被父母忽略。

A：执行。对任务执行过程中出现的问题进行优化、改善、调整，然后再次更新计划。

PDCFA质量管理工具是帮助孩子养成良好习惯的重要方法，也是精进成长的前提，通过持续循环的管理改善，确保目标顺利完成。

特别注意的是，C、F环节对父母的监督能力要求很高，父母能否持续坚持是项目达成的关键。正如孩子是否能学好一门乐器，除了老师的教导，父母的督导和坚持非常重要。父母坚持陪孩子度过学习的动摇期，形成良好习惯后，孩子就能自主学习；父母做得不到位，孩子就容易放弃。

如果孩子持续在一个问题上犯错，或者是一个习惯固定不下来，父母需要反思在C、F环节上存在的问题。要想提升孩子的计划性和自律性，父母熟练运用PDCFA管理工具非常重要。

2．刻意练习：21次行为固化计划

任何行为的养成都需要持续的高频训练，在培训计划中，父母需注意在A（态度）、S（技能）、K（知识）维度的培养是否投入足够的频次和时间。

行为或思维至少要通过21次的训练才能固化，所以父母在C、F环节要坚持足够的频次。足够的训练次数加上足够的PDCFA管理，方可达到孩子的培养效果。

当你做培养计划的时候，如培养孩子的演讲、领导、团队合作、解决问题等能力时，要在培养周期内设置足够的刻意练习频次，孩子达到培养目标后，再进行下一个能力的培养。

3．时间管理的技巧：尽早积累1万小时

时间是稀缺资源，家庭若能合理高效地利用时间，将让对所有人都公平的时间变得对孩子有利起来。创造新的时间优势，让家庭培养计划能同时兼顾未来和当下。充分利用创造的时间优势，加速积累1万小时，用时间投入度加码孩子的竞争优势。

精力分配管理

时间管理也是精力管理，高效的时间管理是把有限的时间放在任务管理上。

家庭要有效识别现有任务的轻重缓急，根据任务的重要和紧急程度进行分类（见图6-8）。在一个培养周期内，切忌重要而紧急的任务过多，这会让孩子处于疲于奔命、忙于应付的状态。要避免付出了时间，却没有得到想要的结果的情况发生。

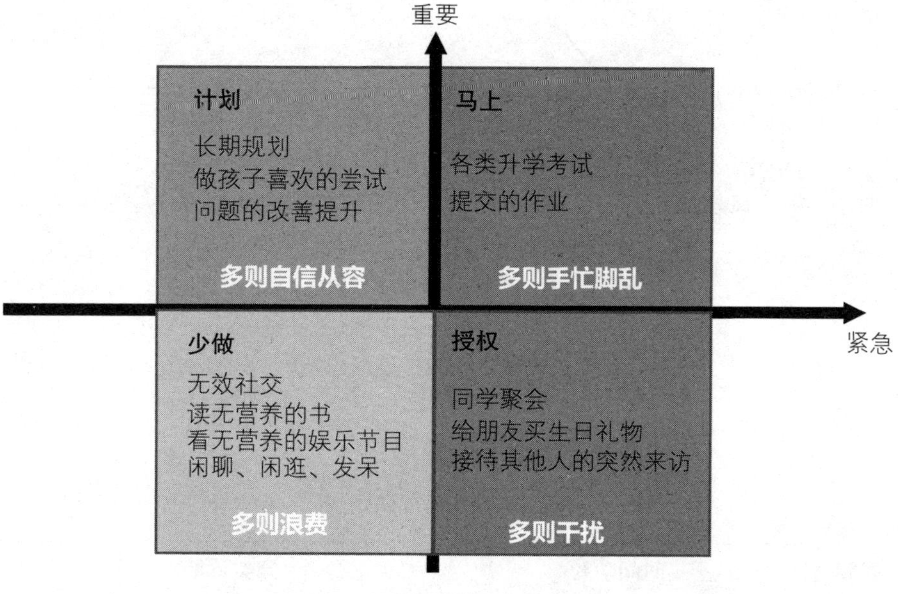

图6-8　任务管理区分原则

平衡时间管理

时间管理的功能经过多次更迭，从备忘、计划、效率到现在追求的价值，不单作为管理工具存在，还可以创造更大价值，时间投入的不同会带来不同的价值。

平衡时间管理是在平衡当下和未来，引导家庭思考时间如何分配，引导孩子思考如何平衡人生价值。

要平衡时间，可以从以下7种类别的时间思考孩子的培养计划，根据家庭的规划，结合孩子学习周期和节奏来分配时间（见图6-9）。

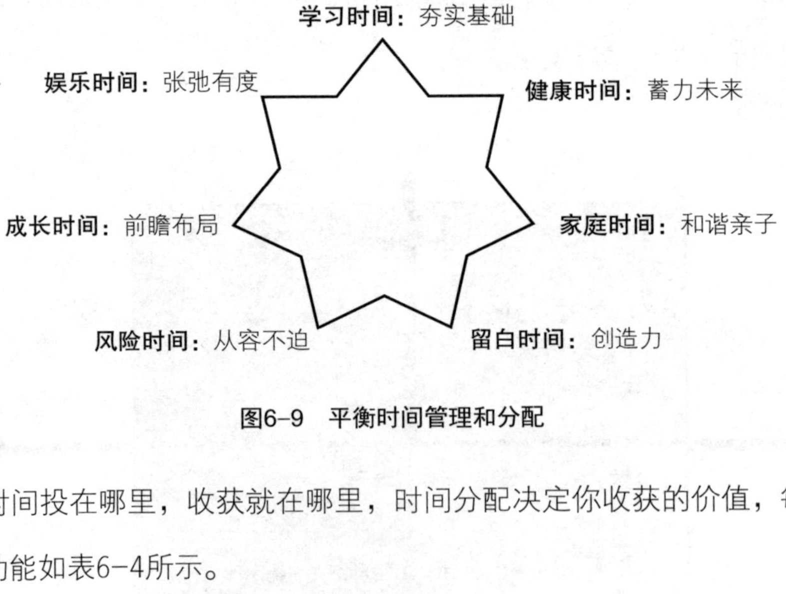

图6-9　平衡时间管理和分配

时间投在哪里，收获就在哪里，时间分配决定你收获的价值，每种时间的功能如表6-4所示。

表6-4　不同时间的功能

时间类别	时间功能	分类要素
学习时间	奠定知识高起点	投入考试需要的时间
成长时间	打造有差别的竞争力	为未来能力、态度等投入的时间

续表

时间类别	时间功能	分类要素
家庭时间	良好亲子关系的基础	开会、玩游戏、讨论交流、外出就餐、聚会等时间
娱乐时间	张弛有度、学习有劲	旅游、看电影、朋友聚会等时间
健康时间	未来的保障	锻炼身体等时间
风险时间	确保计划顺利完成	预留的时间，以防突发事件影响
留白时间	激发创新力	特指给孩子自由想象的时间

高效时间管理——一时多能

高效时间管理还体现在提升单位时间内的价值，父母能力的差异决定孩子时间价值的差异。

具有管理和团队培养经验的父母在此项上具有优势。父母越擅长设计训练项目，越可以实现时间价值最大化，让一种任务达到多种培训效果，在同一时间内，实现平衡时间管理的多种功能。例如，游泳既可以分配在健康时间内，也可以分配在家庭共享时间或成长时间内。

我比较喜欢利用晚餐时间，家人在一起讨论有趣的事情、最新的新闻时事，交流彼此的看法，孩子也乐此不疲，很多时候晚餐结束后还迟迟不肯离开。这个时间既可以被归为家庭共享时间，又可以被归为娱乐时间或成长时间，一举多得。

孩子的时间越紧，时间效能利用就越要做到最大化。向成长抢时间的，其实是父母。

所有的方案是否可行，最终还要看孩子的接受程度。

计划要建立在孩子可接受的范围内，没有孩子的配合，计划将无法达成。孩子意愿的产生是受意愿加能力两个要素影响的，父母要采用匹配的教育方法，循序渐进，方有效果。

孩子年龄越大，自我权力需求越多，青春期的孩子很反感被父母安排，获得孩子的认可和支持是方案实施的关键。没有和孩子沟通过的方案，只是父母的一厢情愿。

和孩子沟通方案后，你还要和孩子沟通“试运行期”，根据孩子反馈的情况优化计划方案，这样效果最佳。经过试运行的方案，才具有可操作性。

目标激发动力，动力促进行动，瞄准目标，努力才有效果。

孩子自信心——从设立有效的目标开始

什么样的目标才有效

刘敏，外企财务经理，孩子 14 岁，在一所知名公立学校学习，同年级有 360 多名学生。在刚刚结束的全校考试排名中，孩子排在第 180 位。年初，刘敏和孩子沟通了年度的学习目标，她对孩子的期望是本学期内成绩总排名进入全校 50 名以内，对其他各个学科排名也有具体要求。

整个过程中，刘敏反复和孩子沟通达成排名目标的可行性，孩子也表示接受。可是在随后的每次月考中，刘敏发现孩子不但没有进步，反而在不断退步，而且渐渐变得不自信起来，以前喜欢的学科考试成绩也在逐步下降。刘敏不明白，设立了如此清晰明确的目标，自己跟进也很及时，为什么没有激发孩子的学习动力呢?

达成目标，从来不是一句空话。目标管理通过目标的激励作用来调动家庭教育参与者的积极性，从而保证实现总目标，但只有有效的目标才能激励人心。

什么是有效的目标呢？有效的目标有三大特征。

1．目标聚焦

目标太多等于没有目标。

有一家公司的HR来找我，说公司员工绩效考核已经结束，却未取得预期的效果，员工仍然和以前的状态一样。当他把绩效目标拿给我看时，我很惊讶，假如我是员工，也会选择放弃。

这家公司的绩效目标很明确，在公司提出的考核要细、要量化的指导方针之下，考核指标整整设置了118项！考核总共有100分的权重，分摊到每项指标上不足1%，要全部达成的难度系数太大，需要投入大量时间和精力，而且投入产出比不高。118项指标中大部分是“负激励”指标，即达成不扣分，未达成要扣分，变相地把绩效考核变成了罚款工具。从员工的角度来看，投入太大，又难以完成，如此辛苦还要被罚款，所以宁愿放弃达成目标，选择消极怠工。

从管理学的角度来看，受限于人的能力与精力，一个人最多同时管理7项任务，当无论如何努力都无法完成任务时，他通常会在尝试之后选择放弃。

在刘敏给孩子设置的目标中，涉及总排名及所有学科排名的提升。孩子虽然有意愿去提升成绩，却不知道如何去提升，处于典型的“有意愿、没能力”的状态。此时刘敏应该采用多指导的方式，但她本身并不具备帮助孩子提升成绩的能力，就把孩子置于独自面对任务过多，一时间又找不到有效方法来解决的境况。孩子心理上难免产生畏难情绪，选择退缩。

所以设置有效的目标，才会对孩子有帮助。现在请你看看给孩子的目标设定是否合理？是否有对应的家庭教育辅助行为？

2. 目标符合SMART原则

“好好学习，才能过上好生活”，这是父母经常对孩子说的话，你能从话里听出什么目标吗？日常生活中，不乏类似这种标准的“正确的废话”，乍听上去没有问题，但没有任何实质性的效果。

空泛的目标不是目标，对行动没有指导意义，有效的目标设定要需符合SMART原则。

SMART原则让目标设定科学化。

（1）S（Specific）：目标具体不笼统，孩子才能知道你的真实想法，知道如何去做。

（2）M（Measurable）：可衡量，通过数量化或者行为化，来验证目标达成标准。避免用感觉来考核孩子，让孩子觉得不公平。

（3）A（Attainable）：可达成，让孩子在付出努力的情况下可以实现。目标过高，孩子会自信心受创或放弃，过低则没有挑战性，孩子不重视。挑战性目标是指通过孩子的努力能够达成的目标，不断达成目标的过程也是建立孩子成就感和提升自信心的过程。

回到刘敏给孩子设立的目标上，她要求孩子从年级第180名进入前50名，这个目标很明确，但对孩子来说，目标可能过高，无法达成。

（4）R（Relevant）：与目标有相关性。

（5）T（Time-bound）：具有明确的截止期限。让孩子建立时间意识和紧迫感。

如何设置符合 SMART 原则的目标

和孩子沟通年度目标时，你会如何给孩子设置目标呢?

这样下达目标是否有效呢？例如“期望明年你学习进步，获得好名次，身体健康，不要生病 。”这种目标和“不好好学习，就上不了好小学、好初中、好高中、好大学，不能过上好生活”如出一辙。如果你自己听到这样的目标，会不会一头雾水，不知所措呢？太抽象的目标是无效目标。

现在，请你尝试着用SMART原则来思考如何下达目标?

“宝贝，我期望到明年上半年期末考试时（T），你能够在数学、语文、英语上（S）学习有进步，如果每天能多做1道数学题（S、R、M 、A）、背3个新单词（S、R、M、A）、每周记录3段语文表达（S、R、M 、A）、保持总成绩排名比现在前进3名（M）；每天在学校坚持做一次操（R），争取每年感冒发烧不超过3次（S、R、M 、A），你就能达到这个目标。”

这样是否更清晰呢?

简单易懂的目标不一定要涵盖全部要素，但是要具有基本要素。在了解孩子能力现状的基础上，用SMART原则来思考你设定的目标，才能激发孩子的信心。

3．共同设定

让孩子共同参与目标设定，会增加孩子对目标的认同感。孩子太小时，让他参与小目标的设定，参与感既可以培养责任意识，也可以培养目标管理能力。

切莫因为孩子小而不为之。

著名心理学家赛里格曼认为，人对能力和控制的知觉是从经验中习得的，当一个人控制特定事件的努力遭受多次失败后，这个人将停止这类尝试。如果这种情形出现得太频繁，这个人就会把这种控制缺失的知觉泛化到所有的情境中，甚至泛化到实际上控制能发生作用的情境中，产生习得性无助。

有效的目标会让孩子远离习得性无助。如果挑战目标大部分都能完成，孩子就会进入“我行”的自我心理暗示状态，内心力量会越来越强大。

和孩子沟通目标的最佳时机

目标沟通是家庭培养过程的核心环节，沟通效果直接关系到目标管理体系的良性运行和改善目标的实现。好的沟通能让孩子虚心接受，糟糕的沟通则直接让父母“出局”。

什么时候和孩子沟通目标最好?

沟通前做什么准备才能达到最佳效果?

我计划在孩子5岁的时候和她分房睡。4岁时征求她的意见时，她一脸不满的神情直接表明了她的态度。强行分房只会造成孩子的不满，如何才能让孩子自己心甘情愿自己睡呢?

提前半年我就告诉她，勇敢的大孩子都是自己睡，包括她最喜欢的哥哥、姐姐们都是一样的。我时常会有意无意地跟她说，你快长大了，很快就可以像哥哥姐姐一样自己单独睡了。

我买了她喜欢的高低床，整个房间被布置成她喜欢的样子，渐渐的，她喜欢赖在床上不下来。不久，她开始急切地期盼自己快快长大，能够像大孩子一样勇敢地单独睡。5岁生日当天，她急急忙忙地把自己的被子、枕头抱到房间里，高高兴兴地宣布:“我长大了，我要自己睡了。”

对她来说，分床不是痛苦的分离，而是成长的象征，意义非凡。

把我想要她做的事情变成了她自己想要做的事情，通过前期足够的沟通铺垫，在某个时机触发她的意愿，事情就变得简单起来。

什么时候和孩子沟通目标最好

德国作家洛蕾利斯在《我们为什么需要仪式》一书中曾表达这样的观点：有仪式感的人生，才使我们切切实实有了存在感。不是为了给他人留下什么印象，而是从自己的内心真切地感知生命，充满热忱地面对生活。

孩子渴望成长，获得力量，这种成长不仅是身体上的，更重要的是心理上的，这就是动机模型中的向往要素。用沟通来达成目标，用仪式感来强化孩子的动机因素，让孩子产生行动的欲望，主动发生改变。

宣勇是一个13岁女孩的爸爸，对孩子赖床的习惯很头痛。每天早上起床，孩子都要让妈妈在床上帮她把衣服穿好，让爸爸把早餐端到面前，吃早饭的时候还是迷迷糊糊的状态，使得她出门上学的时刻总是很紧张。宣勇想让孩子自己到点起床、自己穿衣吃饭、准时出发，他和孩子谈过几次，孩子答应得很好，但总是做不到。

我建议宣勇可以尝试利用孩子14岁生日这天和她郑重地谈一次，并让他列了一个谈话提纲和步骤，反复演练，他很认真地完成了，但同时也表示对谈话结果不抱期待。

孩子生日当天晚上，他邀请孩子的好朋友们一起参加生日会，告诉所有的孩子，他们已经长大，祝愿他们能够像大人一样照顾好自己。送走孩子们之后，他和孩子妈妈认真地坐下来，对孩子表达了成长的祝福、新的成长期望，也表达了对孩子的信心。

第二天早上，他给我打电话，开心的语气掩饰不住对孩子的骄傲，孩子居然按照要求提前做了早起的计划，闹铃一响就自己起床，快速完成穿衣吃饭等事情，准时出门上学了。

对孩子有特殊意义的时刻，意味着成长或新的开始，在孩子人生中具有承上启下的作用。你可以充分利用孩子的生日、春节、学期开学这三个时刻和孩子谈目标和计划，会取得意想不到的效果。

家庭成员构成变化的时刻，如新增二胎、家人离世、父母离异等家庭结构变化发生时，也具有重要意义，需要给孩子重新梳理任务和责任义务。

大部分事情都可以通过沟通解决，在恰当的时机，沟通能起到锦上添花的作用。孩子需要在一个时刻被告知自己已经长大，父母也要学会通过仪式感来告诉孩子已经长大。

细节决定沟通成败

如果沟通前期准备得足够充分，接下来的沟通就是水到渠成的事，会取得事半功倍的效果。通过前期铺垫，可以了解孩子的态度和能够接受的底线；通过不断修正沟通目标、沟通策略，确保有的放矢，一击即中。在前期铺垫时，孩子也会逐步做好心理准备。给正式沟通打下良好的氛围基础，可以促进亲子关系进入良性循环。

在现实生活中，有些人之所以会出现社交障碍，就是因为他们没有遵守戴尔·卡耐基提出的一个重要的原则——让他人感到自己很重要。

父母认真准备的态度会传递出对孩子的重视和尊重，千万别忽略沟通需要准备的细节，一些看似不起眼的小事有可能就是沟通的突破口，有利于沟通的展开。

良好的沟通成于细节。不管孩子年龄大小，以下三个方面不可忽略。

1．充足的仪式感：如提前预约与孩子谈话的时间、精心准备的生日礼物、沟通场景的布置等。

2．见面的仪式：和孩子拥抱、握手；沟通时充分表达你对本次沟通的重视；在结束时表达对孩子的充分信任和期待等。

3．沟通中的细节：当面关闭手机、安排好座位、拿出纸笔等；注重着装、发型、面部妆容等。

根据沟通的重要性、孩子的心情、想达成的目的来做沟通准备，表6-5会帮助你做好准备。

表6-5 目标沟通准备清单

步骤	准备事项
前期准备	1. 整理期望达成的目标及责任清单 2. 启动沟通的铺垫准备 3. 父母任务分工 4. 和孩子预约时间，确定采用口头还是书面方式 5. 需提前准备什么
物料准备	食物、礼品、饮料、纸笔等
目标设定	预估达成的沟通目标
教育风格	指令型、教练型、授权型、支持型
沟通风格	轻松、郑重、幽默、调侃等
沟通形式	会议式、聊天式、协商式等
沟通场所	家里、公园、咖啡厅、餐厅及其他
仪式感动作	握手、拥抱、签责任书及其他
环境准备	桌椅、灯光、有无音乐、是否准备鲜花等
沟通步骤准备	设计沟通流程框架；预计沟通可能遇到的问题，并做好应对措施
沟通开篇	沟通破冰方式
沟通结束	是否需要形成书面结果 和孩子最后确认达成的目标 结束语及仪式动作

有效的沟通是推进目标的良好开端。孩子对父母的爱与包容远远超过父母的想象，孩子能感受到你发自内心的真诚和尊重，会回报给你意想不到的惊喜。

实现目标——从执行开始

再大的目标，都要从小目标开始

古人云：“不积跬步，无以至千里。”每个大梦想都是由无数个小梦想累加而成。

马拉松是非常考验耐力的长跑比赛项目，全程约42公里，对人的毅力和体能是极大的挑战。

1984年，东京国际马拉松邀请赛上，名不见经传的日本选手山田本一出人意料地夺得了世界冠军。很多人觉得好奇，他是如何做到一鸣惊人的？

谜底在山田本一的自传中揭开了：“起初我把目标定在终点线的旗帜上，结果当我跑到十几公里的时候就疲惫不堪了，我被前面那段遥远的路吓到了。

“后来每次比赛之前，我都要乘车把比赛的路线仔细地看一遍，并把沿途比较醒目的标志画下来。例如，第一个标志是银行，第二个标志是一棵古怪的大树，第三个标志是一座高楼……这样一直画到赛程的终点。

“比赛开始后，我就奋力地向第一个目标冲去，到达后，我又以同样的速度向第二个目标冲去。40多公里的赛程，被我分解成几个小目标，跑起来就轻松多了。”

山田本一使用的就是目标分解法，通过把一个完成起来很困难的大目标拆解成一个个可以达成的小目标，从2公里到5公里，从5公里到10公里，再到半马和30公里，随着这些小目标的实现，他最终赢得了全程马拉松比赛的胜利。心理学上将目的明确，按计划工作，效率增高的现象叫“定位速效法”。

人生就是一场马拉松长跑，让孩子认识到终点目标，接下来就是根据孩子的能力、节奏等来拆解这个大目标。

每个大目标可拆分成若干个二级目标，每个二级目标又可拆分成若干个三级目标，最终把目标分解到日常生活的具体行为上才有效果。你可以根据对目标的理解，将其分解成可以执行的日常行为。

小明6岁，刚刚上小学，父母都是公司员工，爸爸担任公司经理，妈妈是行政主管。同天下的父母一样，他们期望小明能够幸福快乐，为了实现目标，他们开始了规划之旅。初步规划思路见图6-10。

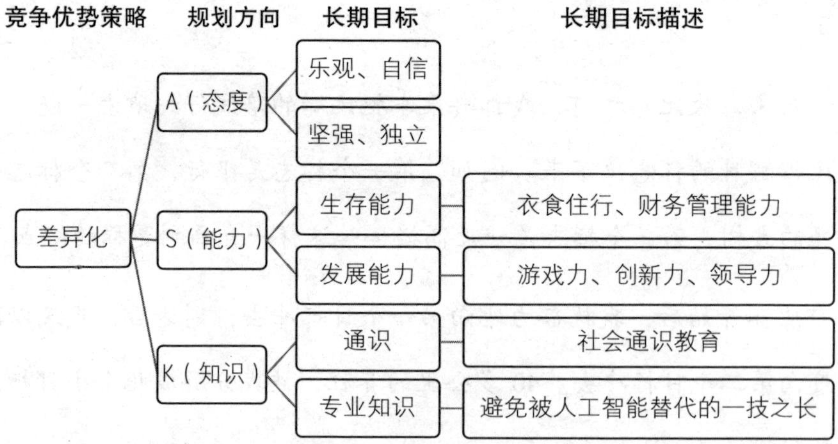

图6-10　小明父母的教育规划思路（示例）

在经过慎重思考和充分讨论后，小明父母根据小明的成长节奏，完成了表6-6。

表6-6　目标三级分解（示例）

一级目标	二级目标	三级目标	对应日常培训行为	培养时间
独立	独立思考	问题分析能力	发生问题时，让孩子思考为什么，可用专业分析工具“鱼骨图”来梳理问题	四年级
		信息整合联想	思考发生问题的其他原因是什么，从不同方向和维度让孩子思考	四年级
	解决问题的能力	资源整合	让孩子思考需要什么资源解决问题，从“鱼骨图”中的人、机、物、法、环五个方面梳理（本书有“鱼骨图”分析案例）	五年级
		协调能力	找到问题不可调和的原因，让孩子思考从人、财、物三方面如何协调	五年级
		冲突处理能力	找到冲突问题的根本原因，思考如何从冲突的两方面解决问题，做好利弊权衡	初一

万事俱备，截至目前，方案、时间、计划、框架都已经完成，小明爸妈要如何才能实现这些目标呢？

这样管理目标计划才有效

人生目标的大旗已经插上，让一级级小目标成为立在孩子人生长跑道上的指示牌，而不是倒下的路障。家庭和孩子必须行动起来，达成每个目标。

在企业的后备管理人才选拔中，了解候选人如何实现自我目标是考察候选人目标管理的一种方式。当一位候选人谈到自己年度成长目标是读12本书，目标行动达成方案是每月读1本时，我很感兴趣地问：“可以分享一下上个月你看过的书吗？”他爽快地回答：“上个月没有时间看。”“那分享一下这两个月看的书吧。”他嗫嚅了一下：“很抱歉，这两个月忙着完成年底任务，也没有时间看。”我只好问：“那你如何确保完成年度读书目标呢？”他难为情地说：“等有空了，我集中看。”

要担任初级管理者，至少能够管理1～2个简单任务，中级管理者要能同时管理多个任务，高级管理者管理的任务数量及复杂程度要更高一级。如果连自己的成长目标计划都管理不好，又如何去管理更多的任务呢？

曾经立过多少豪言壮语，现实就有多“打脸”。想从一条有梦想的“咸鱼”变成一条“锦鲤”，不是简单立个目标就可以的，要通过持续的推动和改进，并经过严格缜密的管理和执行才能得以实现。

完成目标的人各有各的方法，没完成目标的人总是栽在一个错误上——不知道如何管控目标。

总有父母抱怨孩子计划做得很好，就是完成不了，把一切归责于孩子的习惯不好，这其实是错怪孩子了。当你认为孩子有问题时，首先要反思一下自己有没有管理好自己的目标，如减肥、读书、学习等。如果你自己做得好，那你有没有把优秀经验传授给孩子？

如果答案都是否定的，试问一个孩子没有经过目标管理培养，又没有擅长进行任务督导的父母可给予指导，更没有高频次地进行行为固化训练，他如何能够自学成才地完成计划呢？

目标达成的三级时间节点管理

以一年读12本书的目标为例，要确保年度目标达成，需要将年度目标向月、周、日计划进行分解（见图6-11）。

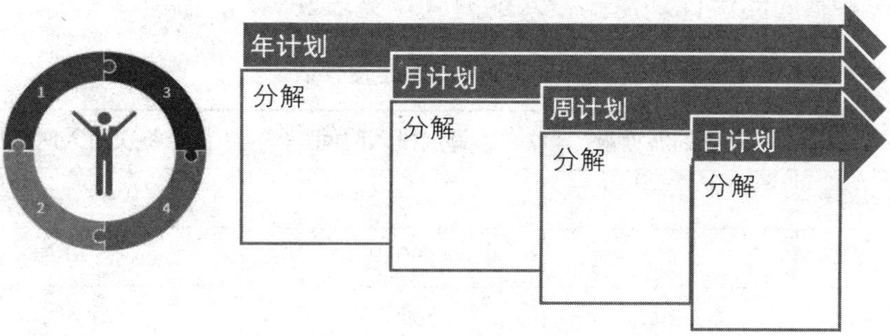

图6-11　目标分解

目标分解后，接下来就要管理目标的进度，你可以通过设立时间三级管理节点来确保目标按时完成。

三级时间管理节点分为可控时间点、预警时间点、临界时间点。

可控时间点是指在此时间内未完成，尚有时间可完成；预警时间点是指在此时间内未完成，完成任务就非常紧迫；临界时间点是指任务完成的最后时间。

当你设立了一个任务，首先要在项目中设立三级时间管理节点。

三级时间节点，要根据孩子的自律性和能力来设置。如果孩子自律性高、日常承诺信誉度高，能做到当日事当日毕，你只需要设置预警时间点或临界时间点便可；如果孩子信誉度低，做事拖沓，曾经有答应完成任务但没有完成的情况，就需设置三级时间节点跟进，确保进度在可控范围内。

以每月读一本书的月度计划为例，每月天数为30天，假设一本书总共300页。在不考虑阅读深度的情况下，假设读完每页的时间平均是2分钟。

来看一下不同阅读计划需要投入的时间（见表6-7）。

表6-7　读书计划进度预估

读书计划	完成的阅读量	每次投入时间	每次投入时间
每天	10页	20分钟	约0.5小时
每周	75页	150分钟	约2.5小时
半月	150页	300分钟	约5小时
一个月	300页	600分钟	约10小时

每个人有不同的阅读习惯，喜欢精读的人，读书需要的时间会更长，为确保阅读任务顺利完成，预警时间就要比喜欢泛读的人提前，例如，把原来放在25日的预警时间提前到22日。

目标管理的 PDCFA 五点管控

项目的三级时间节点确立后，接下来就要在项目中设置PDCFA的质量管控点，这项工具的目的是确保计划按时保质完成（见图6-12）。

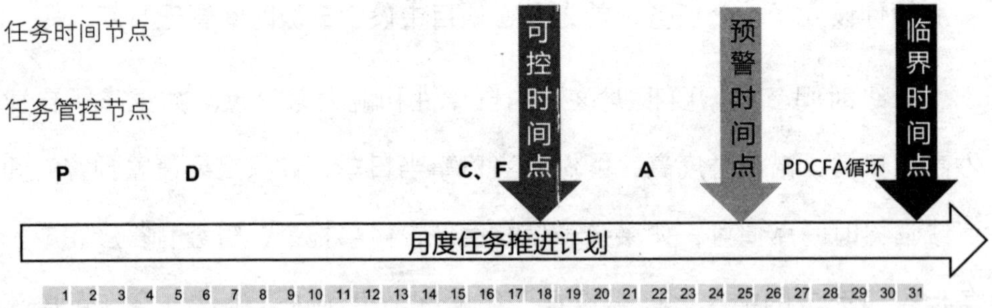

图6-12　时间管理及PDCFA跟进计划

PDCFA任务管控节点根据三级时间节点展开，C和F可一起完成，监督人根据时间节点检查读书任务的进度情况，督促改善。

特别注意的是，任务达成标准很关键，SMART原则中可衡量要素就是建立评估的标准，考核的标准和依据需在下达目标前明确，避免失去执行人的信任。

建议你在管理任务的磨合初期建立证物确认规则，即有什么证据可以证明执行人按标准完成了任务。这样做的好处是：第一，确保监督人了解任务真实完成情况；第二，避免监督人在以后的过程中让对方产生不信任感。月度读书计划的完成标准可以有多种形式，如完成读书笔记、内容复述、家庭讨论等。

能够自觉完成任务的孩子，可适当减少PDCFA的循环次数，防止过度管控产生反感情绪；不自觉的孩子需多设置CF节点，用多频次的监督让孩子养成执行习惯。一旦行为出现改善，要及时鼓励孩子，提升孩子的成就感，降低高管控的负面影响，形成PDCFA良性循环。

通过持续的PDCFA质量循环，不仅可以培养孩子持续改善的能力和习惯，也可以锻炼父母的任务监督执行能力，逐步在家里形成目标的正向达成生态圈。

让我们按这个思路和步骤，继续完成家庭教育目标管理计划表。

不知不觉，小明已经上初一了，父母把规划的终点时间设在上大学，把培养周期调整为从初中到大学。

第一步，根据长期计划，完成中短期的目标（见表6-7）。

第二步，完成短期目标中的培训实施方案（见表6-8）。

表6-7 家庭教育目标管理计划（示例）（甘特图）

孩子现状 男，13岁，初一						
ESBI思考：	孩子比较活跃，个子高，形象不错。不喜欢被人管制和约束；初一参加话剧社团，孩子很喜欢。我期望孩子具备一技之长，最终能够进入S（自由职业者）象限；大学毕业后可以在E（员工）象限工作3~5年，为进入S象限做资金和资源的积累。30岁前进入S象限，如果收入还可以，可以同时到I（投资家）象限发展。最终让孩子实现财务自由，做自己想做的事情					
	长期目标（5年以上）					
培训方向	长期目标	目标描述（基本符合SMART）	主责任人	协助人	达成时间	可用时间年
A	团队合作意识	初二前，参加2种社团，争取成为社团干部，组织2场汇报演出。通过在团队中与各种性格、才华的人相互合作，相互学习，学会包容别人，共同完成任务	母亲	父亲	大学毕业	8.5
	社交能力	初中参加社团活动时，通过组织活动来多和同学沟通，能够有效利用老师、学校和同学资源，完成汇报演出。高中专注学习，大学参加各类社团活动	母亲	父亲	大学毕业	8.5
	抗挫能力	通过每次考试、社团人员配合、寻找资源的机会，了解自我不足，进行自我反省和总结，主动寻求处理和解决问题的办法	父母	父母	初三	2.5
S	良好的表达能力	初中前，利用各种汇报演出、班级发言、说服他人的机会登台，一年至少有5次当众演讲的机会。同时在初一时能够系统地学习演讲，做到能够声情并茂地展示自己；感染、说服其他人；在面试或者考试的时候打动别人	父亲	母亲	初三	2.5
	批判性和逻辑思维能力	能够辨别事实和观点，学会用事实去支撑观点，而且善于表达自己的观点，对事物有自己独立的见解。高中前和孩子每周做一次社会新闻的讨论，作为引导孩子专业定向的准备，每次让孩子从不同角度谈谈他的想法	父亲	母亲	高三	4.5
	搜索、查阅和分析信息的能力	能够借助互联网快速查找专业信息，自己进行独立的分析、判断和总结。高一至高二期间，让孩子自己查找大学及专业的资料，高一确定学校名单，每个月由孩子自己完成2所大学的信息收集	父母	父母	高二	4.5
	创新能力	以能够提出有别于常规或常人思路的见解为导向，利用现有的知识和物质条件，改进或创造新的事物，实现创新价值。从大一开始，让孩子参加学校的创业相关培训，争取能够完成2个商业项目	父亲	母亲	大学毕业	8.5
K	学科知识	考上排名靠前的985大学	父母	父母	高中毕业	5.5
	商业知识	具有财务敏锐度，能够快速准确地做出商业判断。从大一开始参加相关培训，每年一次实习或社会实践	父亲	母亲	大学毕业	8.5
	通用知识	能够具备比较有广度的通识知识面，并从中探索和发现自己的兴趣和爱好，然后找到方向，掌握深度知识，为将来的职业方向打下基础。从初二开始，逐步开始孩子的生存能力训练，比如学习急救等方面的知识	父母	母亲	大学毕业	8.5

续表

	竞争策略:	差异化+专业化：让孩子一专多能，把专长作为S象限的支撑。初中培养未来社会所需的多种能力和意识，参加职业体验，做专业聚焦准备，高中定下方向，开始集中备战高考；大学选择一个喜欢的专业，为自由职业做准备，如果没有考上喜欢的，就让孩子选修自己喜欢的专业课程或者自学						
	高中目标			初中目标				
	中期目标	**目标描述**	**达成时间**	**短期目标**	**目标描述**	**达成时间**	**培训方式**	**培训资源**
	合作意识	在适当的时候，积极参与学校的各项活动，或者班级活动；担任1~2个活动的策划	高二	合作意识	积极参与学校和班级的社团演出至少2场，在团队成员需要帮助的时候尽可能帮助他们	初二	外部机构	学校有相关资源
	社交能力	最好能够找到一些志同道合的朋友，形成学习上的互补，互相帮助	高三	社交规则	在时间允许的情况下，参加各种家庭聚会、掌握和了解亲朋好友的接待礼节和流程	初二	实战培训	家庭有相关资源
	抗挫	面对每次考试成绩能够理智地分析对错，做好改善的计划，尤其是没有考好的学科	高三	坚强	当孩子对朋友不认可的时候，尽可能地理解朋友的做法，帮助孩子从其他人的角度思考，同时学会接纳不认可	初三	讨论	父亲有能力完成
	文字表达	写作文的时候，有感染力、逻辑清晰，期望每次作文都能够得到45分以上	高三	演讲	让孩子能够自信地站在朋友面前流利、准确、逻辑清晰地表达自己的想法	初二	外部机构	外部机构资源
	逻辑思维能力	在父母征询意见时，孩子有明确的意见，同时能够找到数据、理论来支持自己的观点	高一	有自己的想法	面对各种现象，孩子能够合理地表达自己的想法、不说怪话	初三	讨论	母亲有能力完成
	查阅和分析信息的能力	遇到不懂的题目，不要坐等，知道到哪里找资料或者答案，并且能够把找到的信息进行分析，得到结果	高一	搜索能力	让孩子学会从2种以上途径查找资料，如果接受得快，可以学习组合搜索信息的技巧	初二	讨论+实战培训	父亲有能力完成
	尝试新方法	遇到事情的时候，不要总说没有办法，不管对错，至少想一种解决的方法	高一	了解社会变化	让孩子了解社会上的新科技、新事物、新热点，让孩子和社会不脱节	初三	讨论	家庭有相关资源
	学习能力	争取考上省内排名前三的高中，在高中时保持全校排名前80名以内	高三	学习能力	初中成绩排名在全校前50名以内就可以达成目标	初三	外部机构+学校	外部机构+学校资源
	财务管理	做好自己一个月的生活费管理；负责自己资料的计划和购买	高二	消费计划	掌握自己的消费计划，培养消费习惯，能够做到1000元/月的自我财务管理	初二	实战培训	母亲有能力完成
	时政知识	关注当下时政新闻和相关知识，为高考开始做准备	高三	生存知识	让孩子了解遇到地震、火灾、水灾时的自我保护知识；了解一些性知识的自我护理、健康的知识	初二	自学+讨论	家庭有相关资源

表6-8　家庭教育目标管理实施计划（示例）（甘特图）

	长期目标（5年以上）		高中目标	初中目标
培训方向	长期目标	目标描述 （基本符合SMART）	目标描述	目标描述
A	团队合作意识	初二前，参加2种社团，争取成为社团干部，组织2场汇报演出。通过在团队中与各种性格、才华的人相互合作，相互学习，学会包容别人，共同完成任务	在适当的时候，积极参与学校的各项活动，或者班级活动；担任1~2个活动的策划	积极参与学校和班级的社团演出至少2场，在团队成员需要帮助的时候尽可能帮助他们
	社交能力	初中参加社团活动时，通过组织活动来多和同学沟通，能够有效利用老师、学校和同学资源，完成汇报演出。高中集中学习，大学参加各类社团活动	最好能够找到一些志同道合的朋友，形成学习上的互补，互相帮助	在时间允许的情况下，参加各种家庭聚会、掌握和了解亲朋好友的接待礼节和流程
	抗挫能力	通过每次考试、社团人员配合、寻找资源的机会了解自我不足，进行自我反省和总结，主动寻求处理和解决问题的办法	面对每次考试成绩能够理智地分析对错，做好改善的计划，尤其是没有考好的学科	当孩子对朋友不认可的时候，尽可能地理解朋友的做法，帮助孩子从其他人的角度思考，同时学会接纳不认可
S	良好的表达能力	初中前，利用各种汇报演出、班级发言、说服他人的机会登台，一年至少有5次当众演讲的机会。同时在初一时能够系统地学习演讲，做到能够声情并茂地展示自己；感染、说服其他人；在面试或考试时打动别人	写作文的时候，有感染力、逻辑清晰，期望每次作文都能够得到45分以上	能够自信地站在朋友面前流利、准确、逻辑清晰地表达自己的想法 掌握表演的技巧，争取在初二演出1~2场话剧
	批判性和逻辑思维能力	能够辨别事实和观点，学会用事实去支撑观点，而且善于表达自己的观点，对事物有自己独立的见解。高中前和孩子每周做一次社会新闻的讨论，作为引导孩子专业定向的准备，每次让孩子从不同角度谈谈他的想法	在父母征询意见时，孩子有明确的意见，同时能够找到数据、理论来支持自己的观点	面对各种现象，孩子能够合理地表达自己想法、不说怪话
	搜索、查阅和分析信息的能力	能够借助互联网快速查找专业信息，自己进行独立的分析、判断和总结。高一至高二期间，让孩子自己查找大学及专业的资料，高一确定学校名单，每个月由孩子自己完成2所大学的信息收集	遇到不懂的题目，不要坐等，知道到哪里找资料或者答案，并且能够把找到的信息进行分析，得到结果	让孩子学会用2种以上途径查找资料，如果接受得快，可以学习组合搜索信息的技巧
	创新能力	以能够提出有别于常规或常人思路的见解为导向，利用现有的知识和物质条件，改进或创造新的事物，实现创新价值。从大一开始，让孩子参加学校的创业相关培训，争取能够完成2个商业项目	遇到事情的时候，不要总说没有办法，不管对错，至少想一种解决的方法	让孩子了解社会上的新科技、新事物、新热点，让孩子和社会不脱节
K	学科知识	考上排名靠前的985大学	争取考上省内排名前三的高中，在高中时保持全校排名前100名以内	初中成绩排名在全校前50名以内就可以达成目标
	商业知识	具有财务敏锐度，能够快速准确地做出商业判断。从大一开始参加相关培训，每年一次实习或社会实践	做好自己一个月的生活费管理；负责自己资料的计划和购买	掌握自己的消费计划，培养消费习惯，能够做到1000元/月的自我财务管理
	通用知识	能够具备比较有广度的通识知识面，并从中探索和发现自己的兴趣和爱好，然后找到方向，掌握深度知识，为将来的职业方向打下基础。从初二开始，逐步开始孩子的生存能力训练，比如学习急救等方面的知识	关注当下时政新闻和相关知识，为高考开始做准备	让孩子了解遇到地震、火灾、水灾时的自我保护知识；了解一些性知识的自我护理、健康的知识

续表

达成时间	培训方式	培训资源	具体方案（PDCFA）
初二	外部机构	学校有相关资源	1．意识上让孩子认识到与他人合作的重要性； 2．根据孩子的兴趣爱好，让孩子自己选择社团、暑期夏令营等团队活动； 3．在参加过程中，家长对孩子进行建议和指导； 4．活动结束后，与孩子一起对团队合作的表现进行评估； 5．遇到学校的活动，每次都让孩子谈谈可以帮助什么
初二	实战培训	家庭有相关资源	1．爷爷奶奶生日，让孩子准备礼物。参加前，和孩子一起沟通注意事项、比如到了称呼、吃饭如何转桌、主动帮人倒茶、怎么和人道别等； 2．孩子过生日，邀请孩子的朋友参加，教孩子做东道主要注意的事情，如食品采购和流程安排的注意事项、朋友父母怎么安排、如何迎接和送别朋友、照顾不喜欢说话的朋友等；如果带朋友出门，要帮朋友付费等； 3．家里请客、参加朋友的生日会等，按照第2条一样来交代
初三	讨论	父亲有能力完成	1．组织活动时遇到社团成员不认可的情况，和孩子沟通怎么解决，下次遇到这种情况，先安抚孩子，然后和孩子分析别人为什么不接受，怎么才能让人接受； 2．告诉孩子下次和父母沟通不顺的时候，不要发火，想想怎么让父母接受，想想怎么勇敢地说服父母，同时，父母之间做好沟通，不能强行要求孩子必须怎么做
初二	外部机构	外部机构资源	1．每周一次培训课，每次演讲前让孩子先演讲一遍； 2．回家完成演讲题目的前期准备
初三上半年	外部机构	外部机构资源	每周一次表演课
初三	讨论	母亲有能力完成	1．每半个月在家里开一次家庭沟通会议，把大家对彼此需要改进的地方提出来，一起改进，让孩子从被动接受家里的意见变为勇敢坚强地提出意见； 2．家庭内部发生意见冲突，父母要控制自己的脾气，先听孩子的想法，当孩子第一次提出自己想法的时候，诚恳地接受和认同
初二	讨论+实战培训	父亲有能力完成	1．通过让孩子准备演讲题目来学会搜索相关信息； 2．当孩子提出不懂的问题，和孩子一起上网找答案，同时还可以收集一些其他的知识，看看能不能顺便训练孩子的信息加工能力
初三	讨论	家庭有相关资源	1．每周争取和孩子在吃饭的时候，聊一两个科技变化的话题； 2．每周看一次新闻节目，让孩子谈谈看法，通过鼓励孩子的看法，逐步让孩子习惯看新闻； 3．通过让孩子准备演讲题目及演讲来了解新闻时事
初三	外部机构+学校	外部机构+学校。	1．提升孩子物理弱项，每周一次补课； 2．其他学科由孩子自己安排
初二	实战培训	母亲有能力完成	1．从初二开始，由孩子自己带钱到学校缴纳相关费用，每次给钱的时候，先让孩子做一个月的消费计划，月底和孩子做消费总结，讨论有没有额外消费以及原因，改进下个月的消费计划； 2．了解学校伙食费，和孩子探讨伙食费的构成，告诉孩子现在的物价； 3．每个月带孩子去菜市场买一次菜，买菜前和孩子沟通买菜的常识，需要买什么菜，预计需要多少钱。 4．让孩子完成家庭旅游消费计划
初二	自学+讨论	家庭有相关资源	1．暑期带孩子参加红十字组织的自救培训； 2．让孩子做一次饭，做饭的时候告诉孩子预防火灾的知识； 3．带孩子去一次科技馆，看科技类的书籍，让孩子了解例如生理结构等相关知识； 4．带孩子去游泳，利用这个时候自然地让父亲讲讲男孩子的相关知识

第三步，根据短期目标，完成孩子目标管理年度计划表。选取初一年级作为示例年度（见表6-9）。

表6-9　家庭教育目标管理年度计划（示例）（甘特图）

培训方向	目标描述	达成时间	培训方式	培训资源	具体方案（PDCFA）
A	当孩子面对朋友不认可的时候，尽可能地理解朋友的做法，帮助孩子从其他人的角度思考，同时学会接纳不认可	初三	讨论	父亲有能力完成	1．组织活动时遇到社团成员不认可的情况，和孩子沟通怎么解决，下次遇到这种情况，先安抚孩子，然后和孩子分析别人为什么不接受，怎么才能让人接受； 2．告诉孩子下次和父母沟通不顺的时候，不要发火，想想怎么让父母接受，想想怎么勇敢地说服父母，同时，父母之间做好沟通，不能强行要求孩子必须怎么做
	让孩子能够自信地站在朋友面前，流利、准确、逻辑清晰地表达自己的想法	初二	外部机构	外部机构资源	1．每周一次培训课，每次演讲前让孩子先演讲一遍； 2．回家完成演讲题目的前期准备
	掌握表演的技巧，争取在初二演出1~2场话剧，如果老师有推荐的拍摄机会，可以争取	初三上半年	外部机构	外部机构资源	每周一次表演课
S	面对各种现象，孩子能够合理地表达自己想法、不说怪话	初三	讨论	母亲有能力完成	1．每半个月在家里开一次家庭沟通会议，把大家对彼此需要改进的地方提出来，一起改进，让孩子从被动接受家里的意见变为勇敢坚强地提出意见； 2．家庭内部发生意见冲突，父母要控制自己的脾气，先听孩子的想法，当孩子第一次提出自己想法的时候，诚恳地接受和认同
	让孩子学会从2种以上途径查找资料的方法，如果接受得快，可以学习组合搜索信息的技巧	初二	讨论+实战培训	父亲有能力完成	1．通过让孩子准备演讲题目来学会搜索相关信息； 2．当孩子提出不懂的问题，和孩子一起上网找答案，同时还可以收集一些其他的知识，看看能不能顺便训练孩子的信息加工能力
	让孩子了解社会上的新科技、新事物、新热点，让孩子和社会不脱节	初三	讨论	家庭有相关资源	1．每周争取和孩子在吃饭的时候，聊一两个科技变化的话题； 2．每周看一次新闻节目，让孩子谈谈看法，通过鼓励孩子的看法，逐步让孩子习惯看新闻； 3．通过让孩子准备演讲题目及演讲来了解新闻时事
	初中成绩排名在全校前50名以内就可以达成目标	初三	外部机构+学校	外部机构+学校	1．提升孩子物理弱项，每周一次补课； 2．其他学科由孩子自己安排
K	掌握自己的消费计划，培养消费习惯，能够做到1000元/月的自我财务管理	初二	实战培训	母亲有能力完成	1．从初二开始，由孩子自己带钱到学校缴纳相关费用，每次给钱的时候，先让孩子做一个月的消费计划，月底和孩子做消费总结，讨论有没有额外消费以及原因，改进下个月的消费计划； 2．了解学校伙食费，和孩子探讨伙食费的构成，告诉孩子现在的物价； 3．每个月带孩子去菜市场买一次菜，买菜前和孩子沟通买菜的常识，需要买什么菜，预计需要多少钱。 4．让孩子完成家庭旅游消费计划
	让孩子了解遇到地震、火灾、水灾时的自我保护知识；了解一些性知识的自我护理、健康的知识	初二	自学+讨论	家庭有相关资源	1．暑期带孩子参加红十字组织的自救培训； 2．让孩子做一次饭，做饭的时候告诉孩子预防火灾的知识； 3．带孩子去一次科技馆，看科技类的书籍，让孩子了解例如生理结构等相关知识； 4．带孩子去游泳，利用这个时候自然地让父亲给孩子讲男孩子的相关知识

续表

9月	10月	11月	12月	1月	2月	3月	4月	5月	6月	7月	8月
旅游计划讨论	发传单锻炼				咖啡厅锻炼					旅游计划讨论	志愿者锻炼
演讲培训	演讲培训	演讲培训	演讲培训	演讲培训	演讲培训	演讲培训	演讲培训	演讲培训	演讲培训	演讲培训	演讲培训
表演培训	表演培训	表演培训	表演培训	表演培训	表演培训	表演培训	表演培训	表演培训	表演培训	表演培训	表演培训
家庭会议	家庭会议	家庭会议	家庭会议	家庭会议	家庭会议	家庭会议	家庭会议	家庭会议	家庭会议	家庭会议	家庭会议
准备演讲题目	准备演讲题目	准备演讲题目	准备演讲题目	准备演讲题日	准备演讲题目	准备演讲题日	准备演讲题目	准备演讲题目	准备演讲题目	准备演讲题目	准备演讲题目
看新闻	看新闻	看新闻	看新闻	看新闻	看新闻	看新闻	看新闻	看新闻	看新闻	看新闻	看新闻
常规学习及补课	常规学习及补课	常规学习及补课	常规学习及补课	常规学习及补课	常规学习及补课	常规学习及补课	常规学习及补课	常规学习及补课	常规学习及补课	常规学习及补课	常规学习及补课
1. 月度消费计划及总结 2. 家庭旅游计划	月度消费计划及总结	月度消费计划及总结	月度消费计划及总结	月度消费计划及总结	月度消费计划及总结	月度消费计划及总结	月度消费计划及总结	月度消费计划及总结	月度消费计划及总结	1. 月度消费计划； 2. 家庭旅游计划	月度消费计划及总结
	1. 游泳锻炼 2. 科技馆				红十字自救培训					1. 游泳锻炼； 2. 地震自救	游泳锻炼

第四步，根据年度计划，完成孩子目标管理月度计划表。在此选取初中一年级的9月作为示例月度（见表6-10）。

表6-10　家庭教育目标管理月度计划（示例）（甘特图）

培训方向	短期目标	具体方案（PDCFA）
A	合作意识	1．意识上让孩子认识到与他人合作的重要性； 2．根据孩子的兴趣爱好，让孩子自己选择社团、暑期夏令营等团队活动； 3．在参加过程中，家长对孩子进行建议和指导； 4．活动结束后，与孩子一起对团队合作的表现进行评估； 5．遇到学校的活动，每次都让孩子谈谈可以帮助什么
	社交规则	1．爷爷奶奶生日，让孩子准备礼物。参加前，和孩子一起沟通注意事项、比如到了称呼、吃饭如何转桌、主动帮人倒茶、怎么和人道别等； 2．孩子过生日，邀请孩子的朋友参加，教孩子做东道主要注意的事情，如食品采购和流程安排的注意事项、朋友父母怎么安排、如何迎接和送别朋友、照顾不喜欢说话的朋友等；如果带朋友出门，要帮朋友付费等； 3．家里请客、参加朋友的生日会等，按照第2条一样来交代
	坚强	1．组织活动时遇到社团成员不认可的情况，和孩子沟通怎么解决，下次遇到这种情况，先安抚孩子，然后和孩子分析别人为什么不接受，怎么才能让人接受； 2．告诉孩子下次和父母沟通不顺的时候，不要发火，想想怎么让父母接受，想想怎么勇敢地说服父母，同时，父母之间做好沟通，不能强行要求孩子必须怎么做
S	演讲	1．每周一次培训课，每次演讲前让孩子先演讲一遍； 2．回家完成演讲题目的前期准备
	表演	每周一次表演课
	有自己想法	1．每半个月在家里开一次家庭沟通会议，把大家对彼此需要改进的地方提出来，一起改进，让孩子从被动接受家里的意见变为勇敢坚强地提出意见。 2．家庭内部发生冲突，父母要控制自己的脾气，先听孩子的想法，当孩子第一次提出自己想法的时候，诚恳地接受和认同
	搜索能力	1．通过让孩子准备演讲题目来学会搜索相关信息； 2．当孩子提出不懂的问题，和孩子一起上网找答案，同时还可以收集一些其他的知识，看看能不能顺便训练孩子的信息加工能力
	了解社会变化	1．每周争取和孩子在吃饭的时候，聊一两个科技变化的话题； 2．每周看一次新闻节目，让孩子谈谈看法，通过鼓励孩子的看法，逐步让孩子习惯看新闻； 3．通过让孩子准备演讲题目及演讲来了解新闻时事
K	学习能力	1．提升孩子物理弱项，每周一次补课； 2．其他学科由孩子自己安排
	消费计划	1．从初二开始，由孩子自己带钱到学校缴纳相关费用，每次给钱的时候，先让孩子做一个月的消费计划，月底和孩子做消费总结，讨论有没有额外消费以及原因，改进下个月的消费计划； 2．了解学校伙食费，和孩子探讨伙食费的构成，告诉孩子现在的物价； 3．每个月带孩子去菜市场买一次菜，买菜前和孩子沟通买菜的常识，需要买什么菜，预计需要多少钱。 4．让孩子完成家庭旅游消费计划
	生存知识	1．暑期带孩子参加红十字组织的自救培训； 2．让孩子做一次饭，做饭的时候告诉孩子预防火灾的知识； 3．带孩子去一次科技馆，看科技类的书籍，让孩子了解例如生理结构等相关知识； 4．带孩子去游泳，利用这个时候自然地让父亲讲讲男孩子的相关知识

续表

9月	第一周	第二周	第三周	第四周	第五周
社团培训	社团培训	社团培训	社团培训	社团培训	社团培训
孩子外出聚会培训	开学后班级聚餐、和孩子沟通规则				
旅游计划讨论	让孩子思考旅游计划	家庭旅游计划及分工讨论	旅游计划推进跟踪	旅游计划推进跟踪	旅游计划推进跟踪
演讲培训	演讲培训	演讲培训	演讲培训	演讲培训	演讲培训
表演培训	表演培训	表演培训	表演培训	表演培训	表演培训
家庭会议		家庭会议：讨论改善建议、旅游计划、外出规则培训等议题			
准备演讲题目	搜索题目	搜索题目	搜索题目	搜索题目	搜索题目
看新闻	聊新闻	聊新闻	聊新闻	聊新闻	聊新闻
常规学习及补课	常规学习及补课	常规学习及补课	常规学习及补课	常规学习及补课	常规学习及补课
1. 月度消费计划及总结 2. 家庭旅游计划			完成旅游消费预算		1. 完成本月消费总结及下月计划； 2. 带孩子买菜

第五步，根据月度计划，完成孩子目标管理周、日计划表。在此选取某一周为示例（见表6-11）。

表6-11 家庭教育目标管理周、日计划（示例）（甘特图）

培训方向	短期目标	具体方案（PDCFA）
A	合作意识	1．意识上让孩子认识到与他人合作的重要性； 2．根据孩子的兴趣爱好，让孩子自己选择社团、暑期夏令营等团队活动； 3．在参加过程中，家长对孩子进行建议和指导； 4．活动结束后，与孩子一起对团队合作的表现进行评估； 5．遇到学校的活动，每次都让孩子谈谈可以帮助什么
	社交规则	1．爷爷奶奶生日，让孩子准备礼物。参加前，和孩子一起沟通注意事项、比如到了称呼、吃饭如何转桌、主动帮人倒茶、怎么和人道别等； 2．孩子过生日，邀请孩子的朋友参加，教孩子做东道主要注意的事情，如食品采购和流程安排的注意事项、朋友父母怎么安排、如何迎接和送别朋友、照顾不喜欢说话的朋友等；如果带朋友出门，要帮朋友付费等； 3．家里请客、参加朋友的生日会等，按照第2条一样来交代
	坚强	1．组织活动时遇到社团成员不认可的情况，和孩子沟通怎么解决，下次遇到这种情况，先安抚孩子，然后和孩子分析别人为什么不接受，怎么才能让人接受； 2．告诉孩子下次和父母沟通不顺的时候，不要发火，想想怎么让父母接受，想想怎么勇敢地说服父母，同时，父母之间做好沟通，不能强行要求孩子必须怎么做
S	演讲	1．每周一次培训课，每次演讲前让孩子先演讲一遍； 2．回家完成演讲题目的前期准备
	表演	每周一次表演课
	有自己想法	1．每半个月在家里开一次家庭沟通会议，把大家对彼此需要改进的地方提出来，一起改进，让孩子从被动接受家里的意见变为勇敢坚强地提出意见； 2．家庭内部发生冲突，父母要控制自己的脾气，先听孩子的想法，当孩子第一次提出自己想法的时候，诚恳地接受和认同
	搜索能力	1．通过让孩子准备演讲题目来学会搜索相关信息； 2．当孩子提出不懂的问题，和孩子一起上网找答案，同时还可以收集一些其他的知识，看看能不能顺便训练孩子的信息加工能力
	了解社会变化	1．每周争取和孩子在吃饭的时候，聊一两个科技变化的话题； 2．每周看一次新闻节目，让孩子谈谈看法，通过鼓励孩子的看法，逐步让孩子习惯看新闻； 3．通过让孩子准备演讲题目及演讲来了解新闻时事
K	学习能力	1．提升孩子物理弱项，每周一次补课； 2．其他学科由孩子自己安排
	消费计划	1．从初二开始，由孩子自己带钱到学校缴纳相关费用，每次给钱的时候，先让孩子做一个月的消费计划，月底和孩子做消费总结，讨论有没有额外消费以及原因，改进下个月的消费计划； 2．了解学校伙食费，和孩子探讨伙食费的构成，告诉孩子现在的物价； 3．每个月带孩子去菜市场买一次菜，买菜前和孩子沟通买菜的常识，需要买什么菜，预计需要多少钱。 4．让孩子完成家庭旅游消费计划
	生存知识	1．暑期带孩子参加红十字组织的自救培训； 2．让孩子做一次饭，做饭的时候告诉孩子预防火灾的知识； 3．带孩子去一次科技馆，看科技类的书籍，让孩子了解例如生理结构等相关知识； 4．带孩子去游泳，利用这个时候自然地让父亲讲讲男孩子的相关知识

续表

9月	第一周	周一	周二	周三	周四	周五	周六	周日
社团培训	社团培训			社团培训				
孩子外出聚会培训	开学后班级聚餐、和孩子沟通规则						12:00同学开学聚餐	
旅游计划讨论	孩子思考旅游计划		通知孩子思考			19:00跟进孩子旅游考虑情况；和孩子沟通规则		
演讲培训	演讲培训						19:00-20:30演讲课	
表演培训	表演培训						14:00-17:00表演课	
家庭会议								
准备演讲题目	搜索题目					19:00跟进演讲题目准备情况及展示；		
看新闻	聊新闻					19:30和孩子聊新闻		
常规学习及补课	常规学习及补课						8:30物理补课	
1．月度消费计划及总结 2．家庭旅游计划								

第六步，在周、日计划表中填入孩子常规的其他时间安排，加入时间三级节点和PDCFA任务点，让时间计划更完整。计划表让你对孩子的日常学习饱和程度一目了然，便于家庭进行合理地修改和调整培养（见表6-12）。

表6-12　一周时间（示例）

<table>
<tr><th>时间</th><th>周一</th><th>周二</th><th>周三</th><th>周四</th><th>周五</th><th>周六</th><th>周日</th></tr>
<tr><td>07:00</td><td>起床</td><td>起床</td><td>起床</td><td>起床</td><td>起床</td><td>锻炼</td><td>锻炼</td></tr>
<tr><td>07:30</td><td>上学</td><td>上学</td><td>上学</td><td>上学</td><td>上学</td><td>早餐</td><td>早餐</td></tr>
<tr><td>08:00</td><td>上课</td><td>上课</td><td>上课</td><td>上课</td><td>上课</td><td rowspan="8">做作业</td><td rowspan="4">语文补课</td></tr>
<tr><td>08:30</td><td>上课</td><td>上课</td><td>上课</td><td>上课</td><td>上课</td></tr>
<tr><td>09:00</td><td>上课</td><td>上课</td><td>上课</td><td>上课</td><td>上课</td></tr>
<tr><td>09:30</td><td>上课</td><td>上课</td><td>上课</td><td>上课</td><td>上课</td></tr>
<tr><td>10:00</td><td>上课</td><td>上课</td><td>上课</td><td>上课</td><td>上课</td><td rowspan="4">做作业</td></tr>
<tr><td>10:30</td><td>上课</td><td>上课</td><td>上课</td><td>上课</td><td>上课</td></tr>
<tr><td>11:00</td><td>上课</td><td>上课</td><td>上课</td><td>上课</td><td>上课</td></tr>
<tr><td>11:30</td><td>上课</td><td>上课</td><td>上课</td><td>上课</td><td>上课</td></tr>
<tr><td>12:00</td><td>午餐</td><td>午餐</td><td>午餐</td><td>午餐</td><td>午餐</td><td>午餐</td><td>午餐</td></tr>
<tr><td>12:30</td><td>午休</td><td>午休</td><td>午休</td><td>午休</td><td>午休</td><td>午休</td><td>午休</td></tr>
<tr><td>13:00</td><td>午休</td><td>午休</td><td>午休</td><td>午休</td><td>午休</td><td>午休</td><td>午休</td></tr>
<tr><td>13:30</td><td>上课</td><td>上课</td><td>上课</td><td>上课</td><td>上课</td><td rowspan="5">数学补课</td><td rowspan="5">演讲培训</td></tr>
<tr><td>14:00</td><td>上课</td><td>上课</td><td>上课</td><td>上课</td><td>上课</td></tr>
<tr><td>14:30</td><td>上课</td><td>上课</td><td>上课</td><td>上课</td><td>上课</td></tr>
<tr><td>15:00</td><td>上课</td><td>上课</td><td>上课</td><td>上课</td><td>上课</td></tr>
<tr><td>15:30</td><td>上课</td><td>上课</td><td>上课</td><td>上课</td><td>上课</td></tr>
</table>

续表

时间	周一	周二	周三	周四	周五	周六	周日
16:00	上课	上课	上课	上课	上课	英语原版阅读课	游泳训练
16:30	上课	上课	上课	上课	上课		
17:00	放学	放学	放学	放学	放学		
17:30	做作业	做作业	做作业	做作业	做作业		
18:00	做作业	做作业	做作业	做作业	做作业	休息	休息
18:30	晚餐	晚餐	晚餐	晚餐	晚餐	晚餐	晚餐
19:00	休息	休息	休息	休息	家庭会议：沟通考试结果	休息	休息
19:30	做作业	做作业	做作业	做作业		散步	做作业
20:00	做作业	做作业	做作业	做作业	做作业	家庭娱乐	做作业
20:30	做作业	做作业	做作业	做作业	做作业		做作业
21:00	做作业	做作业	做作业	做作业	做作业		做作业
21:30	做作业	做作业	做作业	做作业	做作业		做作业
22:00	读书	读书	读书	读书	读书	读书	读书
22:30	眼保健操	眼保健操	眼保健操	眼保健操	眼保健操	眼保健操	眼保健操
23:00	睡觉	睡觉	睡觉	睡觉	睡觉	睡觉	睡觉

所有的准备已经蓄势待发，静待实现目标的催化剂。

激励——达成目标的催化剂

激励的来源

美国哈佛大学心理学家威廉·詹姆士研究发现，一个没有受激励的人，仅能发挥其能力的20%～30%，当他受到激励时，能力可以发挥至

80％～90％。

激励能让孩子多发挥60%的能力，可见激励的威力之大，可是父母从哪里能找到激励孩子的点呢?

有父母说，现在的孩子不好带了，各种激励的招儿都用了，似乎都没有效果。

乐乐妈妈想让7岁的孩子具备财商和家庭责任意识，期望通过“发工资”的方式来培养乐乐。她给孩子制定了详细的家庭任务表，把扫地板、倒垃圾、洗碗、洗衣服等家务标了具体的价格。刚开始的时候，孩子非常开心，每天抢着干家务，垃圾袋还没有装满就急着拿去倒，乐乐妈妈也很开心，觉得这种方式很有效。一段时间后，她发现孩子慢慢变得不愿意做家务了，她让孩子做任何事情，孩子都要问她给多少钱，如果没有钱，就坚决不干。

乐乐妈妈问：“我这样激励难道错了吗？”

激励方式包括精神激励和物质激励，如果做事的动力来源于父母的物质奖励，当奖励停止时，孩子的行为也会停止。要想让孩子持续保持行为，只有不断提升物质激励力度才可能产生效果，而当物质激励到了一定程度后就会失效，这是短期行为。

物质激励在日常生活中很常见，如奖励金钱、玩具、旅游、美食、衣物等。

问：如何能长期有效地激励孩子?

答：要根据孩子的成长需求。

送礼要送得合心，激励要激励得到位，因需而激励，好钢才能用在刀刃上！

人的需求从哪里来？

美国社会心理学家亚伯拉罕·马斯洛提出马斯洛需求理论，该理论也是动机理论，是行为科学的重要理论基础，从马斯洛理论中能看到人的不同需求。

在马斯洛看来，人类价值体系中存在两类不同的需要，一类是沿生物谱系上升方向逐渐变弱的本能或冲动，称为低级需要和生理需要。一类是随生物进化而逐渐显现的潜能或需要，称为高级需要。需求是从低到高的一个发展过程，共分为7个层级，每个人都会经历这个过程。如果你能充分掌握需求发展理论，就能做到“因孩而激”。你可以通过图6-13及表6-14来更好地了解马斯洛需求理论，为有效激励孩子打好理论基础。

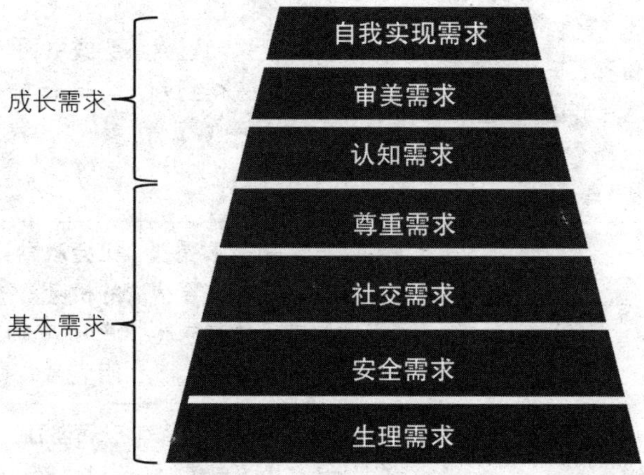

图6-13　马斯洛需求理论

表6-14 马斯洛需求对应的激励措施

需 求	需求特征	未满足的特征	对应激励措施
生理需求	满足人最基本的生理需求，如呼吸、水、食物、睡眠、性、生理平衡、分泌等。 这是人行动的基本需求，只有达成这个需求，才会产生其他需求	如果连活下去都比较困难，人就会缺乏思考能力、道德观脆弱	**物质激励：**对年幼的孩子比较有效，在孩子可理解的范围内给予吃、玩、图书等物质激励。但对物质条件好或年龄较大的孩子，物质激励效果不大
安全需求	满足人对安全的需求，如人身安全、财产安全、生活稳定及免遭痛苦、威胁或疾病等	安全感差，认为一切事物都是危险的，会变得紧张、彷徨、不容易相信他人	**关心激励：**对于年幼的孩子，父母的鼓励、拥抱、陪伴等是有效的激励方式。对于经常被体罚的孩子，减少体罚和心理惩罚也是激励的一种
社交需求	满足人感情上的需要，获得相互的关心和照顾。友情、亲情、爱情、性、生理特性、经历、教育、宗教信仰都与社交需求有关	自我认同感低。因为没有感受到身边人的关怀，而认为自己没有价值活在这世界上	**接纳和支持激励：**孩子在意别人看法，认可和接纳孩子的行为、价值是一种有效方式。允许孩子参加朋友聚会、邀请朋友做客、采购和偶像相关的物品等
尊重需求	满足内外部尊重需求。需求得到满足时，人会充满信心和热情，认可自我价值。在意成就、名声、地位和晋升机会等。 内部尊重：自我尊重、信心、成就。 外部尊重：尊重他人、被人尊重	爱面子、虚荣心强。会采用过度的行为来得到别人的认可	**权限激励：**对孩子公开奖励和表扬。颁发奖章、口头或书面表扬；让孩子拥有选择的权力；让孩子参与自我管理规则的建立等
认知需求	满足个人对自身和周围世界的探索、理解及解决疑难问题的需要	当认知需求受挫时，其他需要得到满足的需求也会受到威胁	**机会激励：**给予孩子尝试的机会。随着孩子长大，此项激励效果会越来越明显
审美需求	每个人都有对周围美好事物的追求以及欣赏	会产生不自信	**认可激励：**在孩子发现美的事物时给予鼓励，如美的风景、物品、文字、感受等

续表

需求	需求特征	未满足的特征	对应激励措施
自我实现需求	自我实现的需求努力挖掘自我潜力，成为自己期望的人，体现在道德、创造力、自觉性、问题解决能力、公正度、接受现实的能力等方面	感觉自己的生活很空虚、无聊，觉得生活无意义	**支持激励**：认可孩子的思想，鼓励孩子做自己想做的事情；让孩子参与家庭决策；允许孩子给父母提建议等

物质激励是最初级的激励方式，不同年龄段、不同阶层的人追求不同，激励方式要随之变化。随着孩子成长，父母需根据成长需求对症下药，采用多种激励组合，让激励效果最大化。

如果对高中生采用“考得好就去大吃一顿”的激励方式，效果可能不如预期，但对3岁孩子来说，“做得好就可以吃棒棒糖”简直是不能抵挡的诱惑。对在青春期期望得到父母尊重的孩子，认可他，承认他的能力，或者授权给他，比让他打游戏更高兴。

结合孩子的需求谈激励，才是“王道”。

信心比黄金更重要

接受孩子的平凡，并不意味着放弃追求美好。

结局未定，所以不应轻言得失，有自信的人才有改变结局的可能，自信能最大限度地激发人生命中的潜力。

你相信孩子是优秀的，将来他就有可能是优秀的；你认为孩子是笨蛋，将来孩子八成成不了材。真正积极的父母，都会相信“天生我孩必有用”，你选择坚定地站在孩子的这一边，孩子才会有信心。

钢琴家郎朗9岁的时候，爸爸带他去拜访一位钢琴大师，却被泼了一盆冷水，大师说郎朗没有天赋。在被贴上了“前途有限”标签的情况下，是继续坚持还是接受大师的建议选择放弃？当这道人生选择题摆在郎朗父母的面前时，他们选择了相信孩子，坚持让孩子继续学习。

科学家爱因斯坦小时候被老师认为“笨”。在军事化管理下学习的6年是爱因斯坦一生的痛，个性强烈的他与当时注重纪律的德国教育制度格格不入。生性孤僻、智力迟钝和不守纪律都让老师不喜欢他。他父亲曾询问训导主任，爱因斯坦将来干什么比较容易成功，主任说无所谓，因为他干什么都不会成功。

他们曾是被“专家”认定为没有发展前途的孩子，无论出身、天赋、起点都有不尽如人意的地方，但都在各自领域取得了成就，其中父母的支持和付出功不可没。每位成功孩子的背后必然是充满信心的父母，谁都有可能否定你的孩子，唯独你不可以。别让世俗的偏见摧毁了你对孩子的信心。

心理学研究表明，长期消极和不良的心理暗示，会影响孩子的情绪和性格，严重的甚至会影响健康。往往施加不良心理暗示的人恰恰是被暗示者身边最爱、最信任和最依赖的人。父母的一言一行都会对孩子的思维能力和心理健康发展起到促进或限制作用，对于缺乏辨别能力的儿童来说，甚至会影响其一生的发展。

心理暗示的作用很大，它会使人绝处逢生，也会使人丧失信心。一个人充满信心，坚信自己一定能成功，那么不管遇到多么严重的挫折，他都不会发生动摇。只要孩子的信心还在，一切就都有希望，你的激励对孩子建立自信很有帮助。

第三篇

家庭教育工具及知识篇

第七章

简单易懂的家庭教育心理学

限制带来反弹——“白熊效应”

你越限制，孩子越反弹

赵亮的妈妈很苦恼，9 岁的孩子最近迷上了游戏，手机不离手，妈妈不知道跟他说了多少遍“不许再玩手机了”，赵亮每次都答应得很好，但还是忍不住要玩。

云峰今年已经 7 岁了，爸爸早上喊他起床，准备好早餐回来一看，孩子还睡在被窝里，起床后还慢吞吞地穿衣服、拖拖拉拉地出门，把爸爸急得团团转，大喊 :“你快点儿，要迟到了！”结果孩子的动作更慢了。

别踩水、别摸插座、别和他玩、别吃凉的……你要求孩子不能做的事情，孩子到底做了多少？

越不让孩子干的，孩子就越要干，简直就是“前世的冤家”，这辈子来“讨债”的。孩子这种叛逆行为中其实隐藏着“白熊效应”。

“白熊效应”又称反弹效应，简单来说，就是你越是努力想摆脱某种想法，到头来这种想法越是更牢固地记在脑海中。“白熊效应”源于美国哈佛大学社会心理学家丹尼尔·魏格纳的实验。实验中他要求参与者尝试不要想象一只白色的熊，越是说“不要想白熊，不要想白熊”，次数越多，参与实验的人思维中越会出现强烈反弹，等到实验结束时，大家脑海中都浮现了一只白熊的形象，并且越来越强烈和具象化。

看到这里，你的脑海中是不是也已经出现一头栩栩如生的白熊了呢?

你有没有在孩子成绩考砸之后安慰他“不要再想成绩了，已经过去了”，越这么说，孩子越难过，同时他的成绩也更清晰地出现在你的脑海中。你让孩子不要玩游戏，结果孩子玩得更厉害了；你越没收电子产品，越会激发他昂扬的“斗志”。你的做法不仅不会达到预期的效果，还会带来更大的反弹，伤孩子也伤自己。

反弹分显性和隐性两种，显性反弹就是孩子直接和父母对着干，你说向东我偏向西，顶嘴、吵架、打架、破坏物品等；隐性反弹是孩子阳奉阴违、拖延、抑郁等。喜欢说“不准”二字的父母，要特别注意防止自己和孩子陷入“白熊效应”中。

当你看到这里，希望你能够正视孩子的叛逆行为。要想解决孩子的叛逆问题，首先要找到“根原因”——看看自己是否经常使用限制性语言和做出限制性行为。先从自身改变做起，再用正确引导技巧来解决，建议孩子做什么比限制孩子的行为更有效。

如何寻找孩子叛逆的“根原因”：

梳理你看不惯的孩子的叛逆行为。

留意孩子出现叛逆行为时，你和孩子都说了什么。

和另外一半沟通时，你是否也经常说控制性或限制性的语言？如果有，请记录下来。

问问孩子，最不喜欢你说哪些话？听听孩子给你的建议，如果有，请记录下来。这个步骤很重要，取决于孩子对你的态度，你要争取获得有效的反馈信息。

从限制到鼓励的行为改善建议：

做一份自我改善计划，从两方面着手。

第一，减少自己使用及做出控制性或限制性的语言及行为；

第二，从孩子对你的改善建议中找到自我改善的方向。

你要坚持在日常生活中改变语言体系，观察自己说什么和做什么后孩子的变化。如果改变有效，继续保持改变；如果没有，则回到寻找根源的行动上。

按照孩子给你的建议，观察你改变后孩子的变化。

找合适时机和孩子沟通你的改变，让孩子给你再次提改善建议，以期重新获得信任和良好的关系。

改善计划遵循PDCFA管控体系，并不断进行优化，直到孩子的行为改变为止。

暗示和激励的作用——“罗森塔尔效应”

你给孩子信心，孩子就给你惊喜。

“说你行，你就行；说你不行，你就不行”就是心理暗示的结果。

张爸爸非常焦虑，有天晚上给我通了两个小时电话，重点说孩子学习的问题。13岁的女儿现在上初一，之前在一所有名的私立小学读书。张爸爸一直强调孩子的语文成绩好、数学成绩差，我好奇地问语文成绩好到什么程度，数学成绩差到什么程度呢？他说，学校一个年级500多人，女儿每次考试，语文成绩都是全年级前10名，但数学成绩排在100名左右。从排名数据来看，语文成绩排名在2%以内，数学成绩排名在20%以内，在常人来看已经很不错，可是张爸爸却不满意。

因为张爸爸认为孩子数学成绩差，就让女儿针对性地补课，没想到补课后，孩子的排名反而更靠后了，于是又开始进行“一对一”的补课。让人诧异的是，孩子的成绩不升反降。爸爸担心女儿学数学吃力，走高考这条路可能很难，只好把女儿送到国际学校学习，准备以后申请国外大学。

为什么越补课孩子反而考得越差呢？

有位心理学家在一所学校做过一个实验，整个实验分三步完成：

第一步，在学年初，通过对一至五年级的学生进行智商测试，了解学生原有的智商基础；

第二步，根据测验结果，实验小组随机抽取20%的学生，并告诉校长和各年级教师选拔出来的孩子很优秀，学习能力很强，是有很好发展前途的孩子；

第三步，到学年结束时，小组又对所有学生做了相同的智商测试，结果发现这20%的学生普遍提高了学习成绩，达到了期望的目标。

学校没有变、班级没有变、教师没有变……什么都没有变，却产生了积极的效果，到底是什么原因呢？

这就是著名的罗森塔尔实验，美国心理学家罗森塔尔用实验结果充分验证了他的设想：教师的期望会对学生产生巨大的影响，个体行为和被寄予的期望会趋于一致。随机抽取在名单上的学生的智商测试分数比第一次有显著提高，而不在名单上的学生的分数则没有发生显著的变化。

当教师认为名单上的学生优秀的时候，不仅对他们有更高的期望，而且会通过态度、表情、理解和上课提问等方式有意或无意地将隐含的期望传递给他们，学生在感受到教师的期望后，给予了积极的反馈。积极反馈又激发了教师对教育的更大热情，再次给予学生更多的关怀，促使学生的智商、学习成绩和社会行为都更接近教师的期望，最终让期望成为现实。

来看看“罗森塔尔效应”在另一位教师那里得到的验证。

美国黑人教育家丽塔·皮尔逊成长在教育世家，是一位拥有40多年教龄的教育家。她在TED讲台上一场题为“每个孩子都是一个冠军”的精彩演讲中，谈到通过教育技巧去激励孩子改变的故事。

“孩子不会跟他们讨厌的人学习”是千真万确的真理！

她曾教过成绩非常差的班级，学生的学术素养差到令人吃惊。当时她想怎么能在9个月之内把孩子们的成绩提升到他们必须具备的水平。

她告诉学生们：“你们进了我的班级，因为我是最好的老师，而你们是最好的学生，他们把我们放在一起来给其他人做个好榜样。”学生问：“真的吗？”

她说：“当然是真的。我们要给其他班级做个榜样，当我们走在楼道里，大家都会注意到我们，所以不能吵闹，要昂首阔步。”

她给孩子们做了一个小测验，一共20道题。有个孩子答错了18道。她却在卷子上写了个“＋2”并画了一个大大的笑脸。

孩子问：“皮尔逊老师，这是不及格吗？”

她说：“是的。”

孩子问：“那你为什么给我一个笑脸？”

她说：“因为你正渐入佳境。你没有全错，还答对了两个，当我们复习这些题的时候，难道你不会做得更好吗？”

她说：“是的，老师。我可以做得更好。”

在这里可以清晰地看到“罗森塔尔效应”的运用和结果呈现。一位认为孩子“行”的老师，眼中会带着欣赏之情，被欣赏的孩子会充满信心。

这也解释了老师对孩子学科成绩的影响作用：老师喜欢孩子，孩子学科成绩就会提升，反之亦然。同样，父母认为孩子是优秀的或是平庸的，会不自觉地在日常生活中传递相应的态度和行为，对孩子产生潜移默化的影响。

说20道题答对2道是渐入佳境，能提振信心，说在500多名学生中数学成绩排名前20%，是数学能力较差，会让孩子丧失信心。张爸爸认为孩子的数学不好，嘴上什么都没有说，可女儿通过爸爸让自己补课，关注数学成绩变化的行为，感受到爸爸对自己能力的不信任，形成反向的罗森塔尔效应。

想让孩子越来越好，你一定要从内心深处相信孩子，做到言行合一，才能促进孩子真正改变。

普通孩子的精彩——“刻意练习”

为什么有的孩子无论怎么努力学习，学习成绩也上不去?

有的学生学得轻松，也能考得很好?

在一件事情上，投入足够多的时间和努力就会成功吗?

资源不够丰富的普通孩子，凭借什么崭露头角?

努力是普通孩子成功的不二法门

《异类》的作者格拉德威尔给了普通孩子希望，他认为“人们眼中的天才之所以卓越非凡，并非天资超人一等，而是付出了持续不断的努力。一万小时的锤炼是任何人从平凡变成世界级大师的必要条件”。他将此称为“一万小时定律”。

研究显示，在任何领域取得成功的关键跟天分无关，只是练习的问题，“一万小时定律”让普通孩子看到了努力的意义。

20世纪90年代初，瑞典心理学家安德斯·埃里克森做过调查发现：学乐器的孩子大约从5岁开始练习，起初每人每周练习两三个小时，从8岁起，那些最优秀的学生练习时间最长，9岁时每周练习6个小时，12岁时每周练习8个小时，14岁时每周练习16个小时，直到20岁时每周练习30多个小时，共1万个小时。

“一万小时定律”给人以希望，如果你期望孩子在某个领域成为专家，需要多少年（见表7-1）？

表7-1　梦想达成时间表

每天投入时间（小时）	1	2	3	4	5	6	7	8	9	10	11	12
需要年限（年）	27	14	9	7	5	5	4	3	3	3	2	2

注：按每年365天计算。

在不考虑多元智力天赋的情况下，每天投入1小时，成为专家需要27年，每天投入12小时，只需要2年。

这从侧面印证了本书中提到的叶辉、秋叶等普通人成为专家的案例。只要你努力，就能成为专家！

刻意练习让普通孩子离成功更近

“一万小时定律”是不是意味着普通人和专家之间只是投入时间的不同呢？

按照这个理论，孩子可以成为任何领域的专家吗?

想成为高考专家，孩子只需不停补课和“刷题”就可以吗?

每天弹钢琴就能成为钢琴大师吗?

每天说话就可以成为演讲大师吗?

每天写作文就可以成为作家吗?

现实中很多人并没有成为专家，每天做饭的父母们并没有成为大厨、每天“刷题”的孩子并没有成为高考专家、每天工作的人也并没有成为行家里手，这又是为什么呢?

《刻意练习》的作者安德斯·艾利克森对此进行了解释，他认为只要有合理且有效的学习方法，有些事情根本不需要努力一万小时便能够有所成就。而只有通过刻意地练习、深度地学习，技能才能有所提高，学习成绩才能有所提升，与其所投入的时间长短没有绝对正相关关系，关键在于学习方法。

这让父母们既惊喜又惊吓，惊喜的是只要方法得当，孩子成为高考专家不需要1万小时，惊吓的是即使投入足够多的时间，孩子也不一定成功，这让他们很抓狂。

到底如何才能取得良好的结果呢?

结合格拉德威尔和安德斯·艾利克森的理论，可以得到“成功公式”（见图7-1）。

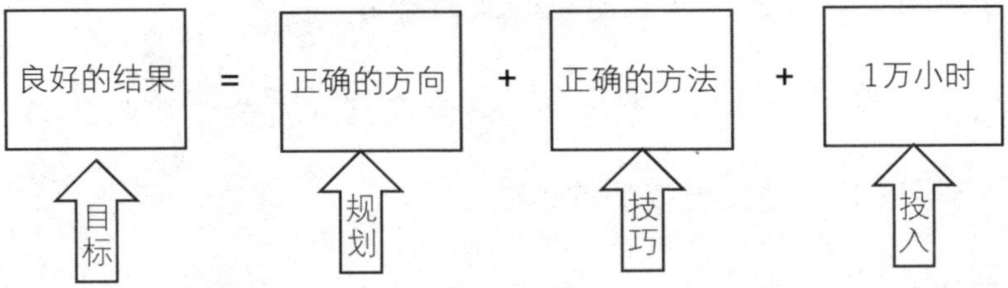

图7-1　成功公式

社会上不乏通过刻意练习“一万小时定律”脱颖而出的人。

动画片《哪吒》的导演饺子（杨宇），从小非常喜欢画画，梦想成为一名漫画家。但理想和现实总是背道而驰，他选择按照父母安排的人生轨迹前进，考入四川华西医学院学医，如果不出意外的话，会子承父业从事医疗行业。然而在大三时，一次参与动画制作的机会让饺子又找回了儿时的梦想，大学毕业后走上了艰辛的追逐梦想之旅。

从医疗专业想转行到动画上来，难度可想而知。当兴趣和规划出现冲突，切换赛道将导致大学四年的专业学习成为巨大的沉没成本，对想从事动画行业的饺子来说，这意味着一切要从零开始。

大学毕业后，他宅在家里学习动画制作，靠着母亲的退休金生活。在蛰伏 44 个月后，他终于做出一部原创网络动画《打，打个大西瓜》。动画上线后全网累计点击量突破千万人次，在随后的两年内，该片先后入围第 6 届中国动漫金龙奖最佳动画短片奖、第 26 届柏林国际短片电影节国际竞赛单元评委会特别奖等 30 多个国内外奖项。

2019 年，饺子导演的《哪吒》更是创造了中国动漫票房超过 50 亿元的奇迹。十年磨一剑，没有经过任何动画制作和导演专业培训的饺子，真正做到了从业余到专业，并且超越专业的奇迹。

坚定的目标（对动画的梦想）+适合自己的方式（辞职自学）+足够的时间（3年以上）是饺子成功的公式。

但同样是一万小时的投入，有的人只是在不断重复同样的工作，十年如一日地留在原地。有的孩子不断“刷题”，成绩却没有提升，是因为他只是在“刷题”而已。

看上去的努力和没有带来质变的量变，就是无效投入。从量变到质变需要经过不断思考，产生螺旋式的上升，才是刻意练习的意义所在。

一万小时和刻意练习的结合，让普通孩子看到更多的希望，在绝大部分人还没有努力到需要拼天赋的时候，世界给了普通孩子打开精彩未来的大门。

最成功的人也许不是最努力的，但普通人却一定要通过努力才有可能成功。

生而普通，所以要更努力，让每次投入都能激发精进和成长，让每次投入都成为有效投入，打开人生向上之门。

用自制力拒绝诱惑——“糖果效应”

有自制力的人和没有自制力的人，过着两种截然不同的人生。

妍妍是可爱的4岁小女孩，她和爸爸去逛商店，看到一个可爱的芭比娃娃，就坚决不肯走，一定要爸爸买，又哭又闹，惹得爸爸好不心烦，只好给她买了一个。可妍妍爸爸并不知道他这样的举动会给妍妍的未来造成什么影响。

李涛是一名高三的学生，新冠肺炎疫情期间，所有学生都在家里上网课，李涛也不例外。没有了学校的约束，他显得有些散漫。早起对他来说是件痛苦的事情，妈妈对此也很头疼，每天早上 8 点之前，妈妈就会帮他把电脑打开，把声音调到最大，可任凭妈妈怎么喊，他就是不起床，赖在床上直到学校的网络授课正式开始，他才会起床。后来，他起床的时间越来越晚，妈妈就把平板电脑放在他的枕边，继续吵他，他才会起床。再后来，李涛整个上午都是在床上度过的。妈妈也不明白，为什么都高三了，他还是管不住自己呢？

心理学家沃尔特·米歇尔做过一个著名的棉花糖实验：从上幼儿园开始持续跟进了30多年，调查了一批参加实验的孩子从青少年到中年的发展情况。

工作人员找来了 600 多位 4 岁左右的小朋友，把他们随机分在不同的房间，房间里放着孩子爱吃的棉花糖。孩子们被告知可以选择直接吃掉棉花糖，或者等 20 分钟后工作人员回来再吃，选择后者会额外得到一块棉花糖作为奖励。

大多数的孩子坚持不到 3 分钟就选择放弃额外奖励，喜滋滋地开始吃起了棉花糖，慢慢地越来越多的孩子开始吃起来。20 分钟后，只有大约 1/3 的孩子控制了欲望，忍住没吃，最后多得了一块棉花糖，这 1/3 的孩子被称为 A 组；剩下 2/3 早早地就吃上香甜棉花糖的孩子，被称为 B 组。

十多年后，米歇尔开始回访已经是高中生的孩子们，他发现：

A组孩子在综合SAT（美国高考）中的成绩比B组的孩子平均高出210分（约占SAT总分的13%）。他们在社交、学习、体育等各个方面都要优于B组的孩子，更擅长控制自己的负面情绪，拥有优秀的社交技能，能更好地应对压力和挫折。

实验跟踪到孩子们27~32岁时，发现他们有了更大的发展差异，A组孩子在这个阶段获得了更好的职业发展，更擅长规划及有条不紊地追求人生的长期目标。

这就是有名的“糖果效应”，也称延时满足效应。所谓的延迟满足，就是指能为了更长远的利益和结果，而放弃目前能及时被满足的欲望。

糖果效应显示：有自制力的人未来成功的可能性更大，看似只是马上吃糖还是等一会儿吃糖的简单选择，却是人生无数次重大选择的简化版。一颗糖对4岁孩子来说极具诱惑力，在幼儿期都能选择忍住吃的欲望，那他在面对未来更多的诱惑时，会选择更具有长远效益的选项，而不会在意眼前的得失。具有自控力的孩子才能抵抗“奶头乐”的诱惑，如游戏、综艺、娱乐等，他们会有效利用时间，实现自己的目标。

自制力要从延迟满足孩子需求开始培养

大多人努力程度低的原因是难以抗拒诱惑和自己内心的欲望，追求即时满足，认为当下的快乐大于未来的快乐，不管未来怎样，只要现在快乐就好。

越是在物质丰富的时候，越要训练孩子的自制力，小到想吃就吃、想买就买，大到想干什么就干什么，这种纵容其实是在变相摧毁孩子的自制力。孩子一旦被养成“要什么就马上会得到”的思维和习惯，长大后被纠正的难度非常大。在不损伤孩子心理健康的情况下，父母要逐步开始培养孩子的自制力。从孩子提出超常规要求开始，逐步延长孩子获得的时长和难度。正如妍妍爸爸面对孩子想买芭比娃娃的情况，可以引导孩子自己选择过一段时间再买，以此延缓满足孩子的需求。

幼儿阶段的培养对未来影响长久深远，每次延缓满足就是蝴蝶扇动一次翅膀，连续延迟满足就是连续扇动翅膀，最后让孩子拥有自控力。孩子有了自控力才能抵御游戏等外部诱惑，让家庭教育变得轻松起来。

拒绝诱惑，聚焦目标，从延迟满足开始。

让孩子不再半途而废——“定向速效法”

父母经常对孩子说的一个词是“坚持”，可“坚持”说起来容易，做起来难。

即使是成人也需要莫大的毅力才能坚持下来。想想每年年初你兴致勃勃定下的年度计划，都完成了吗?

减肥、读书、跑步、背单词、戒掉零食，等等，是否都坚持了呢?

如果成人都有足够的毅力，那还需要App督促打卡么?

帮助孩子轻松达成目标的“定向速效法”

目标年年定，计划年年做，如何才能让目标变成现实，让计划落到实处呢?

有心理学家将一个班的学生随机分成3组，目标都是到达10公里外的村庄，他们给不同组的学生设置了不同的引导激励方式。

对甲组学生，配备了一名老师，但不告诉学生们村庄有多远，只是让学生跟着老师往前走。走了不到3公里，就开始有学生叫苦不迭；走了一半，有更多的学生开始抱怨，队伍情绪低落且开始散乱，到最后，队伍溃不成军。

对乙组学生，只告诉他们从出发到目的地有10公里。让学生跟着老师走，走了不到一半路程，学生开始叫苦，行走速度越来越慢。预估快到终点的时候，老师高喊“加油”，这时候抱怨的学生们又开始振作精神、加快速度，最后走到了终点。

对丙组学生，实验小组不仅告诉他们从出发地到目的地有多少公里，并且在行进途中设置了清晰的公里数指示路牌。结果这组学生一路上虽然也走得很辛苦，但精神饱满。学生大部分都咬着牙坚持往前走，在行进到8公里左右时，开始有人自发为团队加油鼓劲，最后全组顺利到达终点。

实验最终结果是：丙组最快、乙组次之、甲组最慢。

三组学生团队成员分配随机、资源配置相同、一样的出发点和终点，最后效率和心态却不同。

心理学家把这种目的明确、按计划工作、提高效率的现象叫“定位速效法”。

这种方法现已被广泛运用到运动员教练训练、管理和教育领域中，你也可以充分利用这种方法帮助孩子达成目标。

在现实生活中，如何让孩子目标清晰、高效并且按照节奏完成任务？你思考以下问题：

1．孩子目标清晰吗？

孩子是否清楚学习的目的和意义决定他的心态和行为。

你永远没有办法叫醒一个装睡的孩子，但是清晰的目标和完成目标的过程可以让孩子废寝忘食。

2．孩子的目标合理吗？

有效目标将影响孩子的信心和行动力，设计孩子跳起来能完成的目标，会有效地激励孩子。

别指望一次就可以让孩子从最后1名上升到前20名，你应该让孩子从上升1名开始。

3．孩子清楚每个阶段性目标吗？

任务进度让人对过程了然于胸，合理地设置阶段性目标，用阶段性目标提振孩子的自信心。

4．有没有及时给孩子正确的反馈？

反馈就是告诉孩子进步或要改善提升的方向，让他清晰地知道每个努力背后的结果，反馈也是让孩子感受到关注和爱的方式，你有反馈，孩子才有回应。

想让孩子不半途而废，请按以上4个问题做好准备。

唠叨的后果——“超限效应”

你越唠叨，孩子越反感

男孩小峰上初二，长得人高马大，常常找各种借口出去玩，如果找不到人玩，就去网吧玩游戏，他年龄不大，脾气却很暴躁，一言不合就对他人拳脚相向。由于成绩不好，很多同学根本不和他玩。他也不愿和父母说话，要钱是和家长唯一的沟通，其余时间他就把父母当成空气。

小峰的妈妈总是苦口婆心给他讲各种道理，可他根本不在乎，心里想“你说你的，我干我的”。咨询时，小峰的妈妈一直不停地说，从含辛茹苦地把孩子培养大，到孩子不理解自己，自己有多不容易。整个咨询期间，她几乎就没有停止过说话，无论问她任何问题，她都可以在详细地指出小峰存在的问题细节后，绕回到上述话题中去。

在单独与小峰的沟通中，小峰丝毫不掩饰他对妈妈的厌恶，觉得妈妈实在太啰唆了，相同的话每天都要唠叨很多遍。要是没有考好，妈妈就会不停地数落他。小峰刚开始是选择忍受，最后实在忍不住就和妈妈吵。吵也不管用后，他就宁愿在外面玩。曾经他也想好好和妈妈沟通一下，还没开始，妈妈就说个没完。

他对妈妈的描述是“一只一天到晚不停嗡嗡叫的苍蝇”，让他恨不得拿个苍蝇拍拍死！

你说得多，孩子就听得进去吗

有一次，美国作家马克·吐温在教堂听牧师演讲。最初，他觉得牧师讲得很好，很感动，准备捐款。过了10分钟，牧师还没有讲完，他有些不耐烦了，决定只捐一些零钱。又过了10分钟，牧师还没有讲完，他决定1分钱也不捐。等牧师终于结束了冗长的演讲，开始募捐时，马克·吐温由于气愤，不仅未捐钱，还从盘子里偷了2美元。

这种因刺激过多、过强和作用时间过久而引起心理极不耐烦甚至反抗的心理现象，被称为“超限效应”。

过犹不及的唠叨

祥林嫂不停地说“我真傻，真的……”，从最初博得众人同情到让人厌恶。

一个众人眼中的乖巧孩子，大学毕业后8年拒绝回家，孩子的原话几乎击垮了他的父母：“我那么努力学习，就是为了终有一天可以远离你们！”

起源于爱的唠叨，经过无数次的重复，成了另一种形式的强迫。当唠叨铺天盖地渗入孩子的各个方面，无形却让人窒息，孩子要么选择沉默和忽视，要么选择爆发。

凡事过犹不及。你越唠叨，孩子越拒绝你。要想教育效果好，首先管好自己的嘴。

第八章

家庭教育沟通技巧

一分钟理解沟通层次

14 岁的刘星正在读初二，有一次家长会结束后，刘星爸爸看着儿子的期中考试成绩单开心不起来，准备晚上和他沟通一下，目的很简单：让孩子找到成绩下滑的原因，做出改善方案，争取期末时把成绩提升上去。

晚上吃完饭，直性子的爸爸拿出了卷子：

“刘星，你这次怎么考成这样呢？你看和月考成绩比差了好多，你在搞什么？”

“没有什么，就是没有考好。”

“那你自己觉得为什么没考好呢？”

“没学会。”

“那你接下来怎么做呢？”

“认真听讲，不懂的内容问老师。”

爸爸对回答很不满意，这样的对话显然没有实质性的意义，看着孩子一副“拒人于千里之外”的态度，他决定停止沟通，但他不明白为什么孩子不想和自己沟通。

为什么本着想和孩子好好沟通的爸爸会被拒绝呢？

20世纪20年代，美国总统约翰·柯立芝发现，他的女秘书虽然长得非常漂亮，但工作经常出错。一天早晨，当这位女秘书穿着漂亮的衣服走进办公室时，柯立芝说：“今天你穿的衣服真漂亮，适合你这样年轻漂亮的小姐。”女秘书听了喜形于色。柯立芝接着说：“我相信你处理的公文也能和你的外表一样漂亮。”神奇的是，从那天起，女秘书处理公文真的很少再出错。

一位朋友知道了这件事，好奇地问柯立芝：“这个方法很妙，你是怎么想出来的？”柯立芝回答道：“很简单，你看过理发师给人刮胡子吗？他为什么先给人的脸上涂肥皂水呢——就是为了刮起胡子来使人不疼。”

这段对话里包含了一个有效的沟通结构。

忠言确实逆耳，即使是抱着“为你好”的目的进行批评和建议，结果有可能还是收效甚微。面对批评和指责时，人们多少都会产生抵触情绪。沟通的方式方法很重要，忠言再“苦”，如果裹上了蜜糖的外衣，也容易让人吃下去。在没有心理障碍的情况下，沟通就会变得很顺畅，“三明治沟通法”就是打开沟通的有效方式。

让人心情愉悦的“三明治沟通法”

“三明治效应”的概念源于批判心理学，是指人们把批评的内容夹在两个表扬之中，从而使受批评者愉快地接受批评的现象。“三明治沟通法”的结构见图8-1。

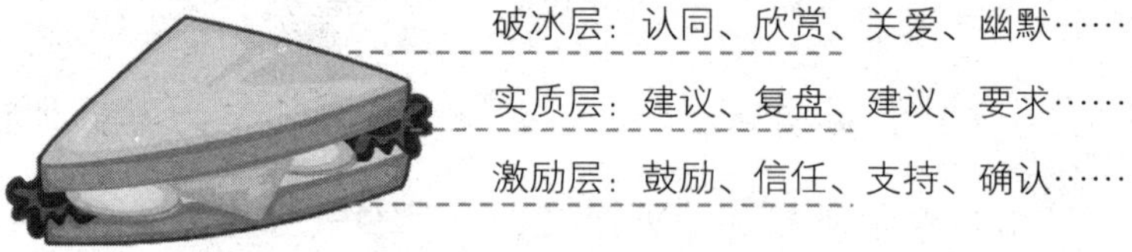

图8-1 三明治沟通结构

“三明治沟通法”共分三层，每层作用不同，掌握这个工具，就能够确保你和孩子的沟通愉快且质量高。

第一层：沟通破冰层

目的：营造良好的沟通氛围。

技巧：使用认同、赏识、肯定、幽默、关爱等方法开始沟通，打破沟通僵局。

你要用欣赏的眼光来看待孩子，表达对孩子的认同、关怀、赞美，等等，或者用幽默的方式化解孩子的尴尬和难堪，破冰是和孩子建立友好沟通氛围的关键。

特别提示：如果在这一层没有获得孩子的认可，建议中止沟通，另寻合适的沟通时机。

第二层：沟通实质层

目的：完成沟通需要提出的问题、意见、批评、要求、复盘等，在沟通实质层完成和孩子想沟通的具体内容的交流。

技巧：和孩子一起分析和解决问题，重点集中在问题上。采用陈述事实的方式，用开放性问题引发孩子的思考和总结。

你认为问题出在什么地方？原因是什么？当时发生了什么？

你觉得下一步怎么做比较好？我可以帮上什么忙？

我的建议是……，你看是否可行？

特别提示：实质层是沟通的关键层，需要父母运用积极正向的表达方式来推进。

第三层：沟通激励层

目的：建立孩子去完成的信心和意愿。

技巧：使用鼓励、希望、信任、支持、确认等技巧，让孩子树立信心，愿意完成沟通的内容。

激励让孩子能接受并愿意遵守沟通达成的共识。切忌啰唆、反复强调。可以通过肢体语言来强调你的支持，如拥抱、握手等。

回到美国总统约翰·柯立芝的沟通案例。

沟通目的：让秘书提升工作质量。

第一层：沟通破冰层。采用赏识的态度——“今天你穿的衣服真漂亮，适合你这样年轻漂亮的小姐。”

第二层：沟通实质层。提出工作建议，期望秘书做好公文。

第三层：沟通激励层。“我相信你处理的公文也能和你的外表一样漂亮。”“我相信”三个字有信任的魔力，同时把公文和秘书的美貌关联，让女秘书产生美好的联想，让她更加注重自己的行为。

沟通很简短，柯立芝把第二层和第三层放到一起，总共不超过三句话，耗时不到1分钟，如果配合后期的激励，在秘书第一次高质量地完成公文工作时说一句：“你看，我就说你能处理好公文。”通过多频次的激励，就能让秘书把高质量处理公文的行为固化下来。

是不是很简单？通过简单的方法运用，在日常生活中就可以完成建立信心和改善行为的培养。

回到刘星和爸爸的沟通问题上，刘星爸爸开口的第一句话是：

“刘星，你这次怎么考成这样呢？你看和月考成绩比差了好多，你在搞什么？”

这句话隐藏着批评、指责、不满，一开始就造成沟通障碍，以致后面的沟通都是孩子在敷衍爸爸，沟通没有达到预期效果。

情绪对了，连批评都是美好的，你可以用“三明治沟通法”和孩子做良好的沟通。

一分钟掌握沟通密码

沟通不是“父母觉得”

我受邀给世界联合书院的家长做分享时，一位16岁男孩的爸爸谈到他和孩子的沟通，使用了让我印象很深刻的词：卑微。他说孩子不愿意和父母交流，拒绝一起旅游和参加家庭活动，更不要说和孩子商量选校和选专业的事情，就连正常的对话都很难持续20分钟。考虑到孩子正处于考大学的关键时期，又是青春期，爸爸不断改变自己的沟通方式和心态。他说：“我都在用卑微的态度和孩子说话了，都把尊严放到地板上了，但他还是不愿意和我聊。”

一位“卑微”的讨好型爸爸，为什么还会被孩子拒绝呢？

我邀请他模拟和孩子的日常交流，演练结束后，我问现场父母他们看到了什么样的爸爸，父母纷纷说：“强势，太强势了！”

自以为心态已经放得如此之低的“卑微”的爸爸，为什么在别人眼里还是很强势？他的沟通哪里出了问题呢？

沟通是“孩子觉得”

沟通两大要素：一是父母准确传达了想表达的内容；二是父母精准表达的意思被孩子准确接收，二者缺一不可。

讲解“沟通”时，我喜欢做群体沟通测试游戏。我在现场邀请了10组家庭，让家长和孩子背靠背，每人手里都拿着一张纸。游戏规则是除了不能看和帮忙，父母可以和孩子随意沟通。

家长背对孩子看着我，我随意折着手中的纸，每折一次，都会问家长看明白了吗。家长确定后，由他们告诉孩子如何做，当家长和孩子确定每个动作完成后，我才进行下一个动作。

现场不断响起各种沟通：

“你把纸对折一下。”

“把纸竖起来，上下对折。”

“你把长的一面对折。”

“把两个角对折。”

“你到底懂了没有？”

游戏结束后，结果不出所料，家长的沟通和孩子作品一致的比例不超过30%。

我问家长是否准确地传达了信息，80%的家长很有信心地举起了手，我问孩子们“你们觉得听懂他们的意思了吗？”，一大半的孩子在摇头，“为什么没听懂却告诉爸爸妈妈懂了呢？”，孩子们不愿意回答。

为什么父母认为自己沟通到位，而孩子却没有理解呢？

说什么到底重不重要

1971年，美国心理学教授阿尔伯特·梅拉宾阐述了沟通的三大要素：语言占7%，语音语调占38%，而肢体语言所占的比例高达55%（见图8-2）。

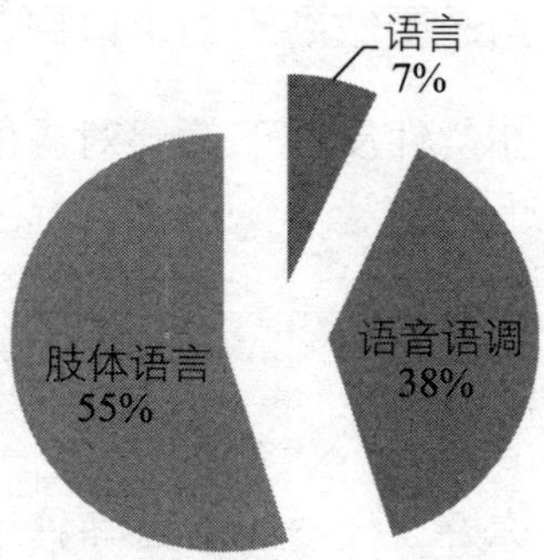

图8-2　沟通传达三要素

回到那位“卑微”的爸爸，他的语言体系显得很卑微，经常会问孩子：“你觉得可不可以？”“我很理解你”，从字面上来看是很尊重和理解孩子的语言，但他的语音语调、肢体语言却表现得非常强势。例如，当问“你觉得可不可以”的时候，应该使用疑问语气，配合开放式的肢体语言，就能表达对孩子的尊重，但他用食指指着孩子，还时不时用手指敲孩子，加上简短有力的语气，活生生把表达商量的语气变成了强硬的命令。

再说那些做游戏的父母，背对背沟通时减少了肢体语言的影响，语言和语音语调所占的比例就会被放大，父母采用了自己理解但孩子可能不理解的语言传达指示，如“横向1/2处对折”等，导致孩子没听懂。不同年龄段的孩子对语言理解程度不一样，父母在沟通时要注意使用孩子容易理解的语言表达。同时，在游戏中，很多家长不自觉地使用了指令式的语气，导致孩子即使不懂，也不愿意问父母，错误的反馈让父母以为孩子懂了，一连串错误的反馈让他们继续错下去，最后得到的当然是错误的结果。

生活中有很多相同的场景，父母说着自己理解的语言，孩子敷衍着父母，导致沟通不到位。沟通要做到心到、口到、做到，如果父母是发自内心的赞扬和欣赏，就会在条件反射下使用对应的微表情、语气及肢体语言，表里如一，言行合一。

然而生活中有些父母经常是：

一边说着“我都是为你好”，一边面目狰狞地批评孩子；

一边让孩子要遵守诺言，一边自己却做不到对孩子的承诺；

一边说着是和孩子商量，一边采用命令的语气。

沟通就是对语言、语音语调、肢体语言三个密码的相互解读，掌握这三个密码，亲子沟通就会变得简单有效。

一分钟学会赞扬

赞扬是最低成本的激励

孩子生活条件越好，物质激励效果越小，精神层面的需求越高，而赞扬就是匹配精神激励的有效方法。

心理学家威廉·杰姆斯说：“人性最深层的需要就是别人的欣赏。”

持续有效的赞扬能让孩子养成富足的心理，是家庭行为习惯培养的有效方式。人性向美，美好的赞扬让生活充满阳光和温暖。

普林斯顿大学心理学博士亚当·阿尔特在《欲罢不能：刷屏时代如何摆脱行为上瘾》一书描述道，这是一个“行为上瘾”的时代！很多人至少有一种“行为上瘾”，例如，无时无刻不盯着手机，不断刷朋友圈，通宵追看电视剧集，没日没夜地打游戏，频繁查看电子邮件等。其中，书中提到让人容易行为上瘾的六种方式：

1．诱人的目标；

2．积极的反馈；

3．毫不费力的进步；

4．未完成的紧张感；

5．逐渐升级的挑战；

6．令人痴迷的社交互动。

电子游戏在设计中，就是利用这六种方法让孩子深陷其中、不可自拔的，积极的反馈就是其中一种赞扬方式。

当你在朋友圈发了一条信息后，他人的点赞就是对你发信息行为的回应和反馈。如果你发的信息都能收获点赞时，内心的喜悦就会推动你继续发信息；对孩子而言，打游戏中不断出现的“太棒了，请继续保持”，或者“加血加命”，都是对孩子游戏行为的积极反馈。点赞和积极的反馈，就在不断改变你和孩子的行为。

工具从来没有对错，就看你如何运用。游戏可以用这些方法让人上瘾，同理，将游戏化的方法运用到教育上也很有帮助。你可以用赞扬的话让孩子发生变化，让孩子对成长中的快乐上瘾，对学习难度的升级上瘾。

有效的赞扬让教育锦上添花，要做到有效的赞扬，你所需要做的不过是用心看到孩子的进步。做到以下简单三点，赞扬就会产生效果。

1．言之有物

赞扬到点子上犹如挠到人的痒处，让人非常舒爽。你可以参考马斯洛需求理论找到孩子的“痒处”，孩子在意什么，你就赞扬什么。将孩子的行为和他在意的事情之间建立起美好的情感关联，如同柯立芝把秘书的美貌和处理公文的质量建立关联一样。

“妈妈觉得你学习很好，再接再厉！”通过这句话，孩子能知道他的学习好在哪里吗？如何再接再厉呢？这是一句苍白的赞扬，用在谁身上都可以，是典型的毫无意义的“正确的废话”，没有遵循SMART原则。

“妈妈觉得你作文写得好，尤其是在上次期末考试中，你的作文引用了×××的那句话，非常出彩！”把“写得好”和孩子引用的名人名言建立关联，让赞扬有了具体的落脚点，言之有物，孩子一听就知道你认真看过他的作文了。

2．关注过程：赞扬看得到的成长

成长是对比出来的，你要让孩子清晰地看到他成长的轨迹。

孩子的数学不错，你是用“不错，数学进步了，继续加油”的赞扬方式，还是用“太棒了，你的数学排名比上次考试前进了5名，这说明你前段时间针对×××题型的训练方法有效，继续加油”的方式，更容易让孩子感受到自己努力的结果呢？

让孩子感受到进步的方向及变化，赞扬才会转化为力量。

3．恰如其分

恰如其分地赞扬，能让孩子正视自己的现状，脚踏实地；过度地赞扬，其实是在“捧杀”孩子。鲁迅先生说“捧杀”比“骂杀”更可怕，“捧杀”是以“爱”的名义“废掉”孩子的最阴险的方式。过度地赞扬会导致孩子成为听不得半点批评、刚愎自用、自以为是、以自我为中心的人。

恰如其分地赞扬，孩子才能理性地看待自己的成长和错误，提升抗挫能力。父母可以通过关注孩子成长过程来恰如其分地赞扬孩子。

找到孩子的优点

“尺有所短，寸有所长”，每个人都有优点，父母要善于找到孩子的优点。

积极正向的父母总能找到孩子身上的优点，可以夸聪明，可以夸实在，可以夸有思想，也可以夸活泼，等等。如果这些优点都找不到，至少可以夸孩子质朴。

娃娃还是自己家的好，只要你爱孩子，你就能用心找到孩子的优点。

1．梳理孩子的优点

和家里的“神助攻”一起写下孩子的优点。讨论从孩子的哪些行为上看到的这些优点，设定一个规则——当讨论过程中提到孩子的缺点时，另外一方需及时制止。

还可以和周边的亲朋好友、孩子的朋友及老师多沟通，请他们谈谈孩子的优点，也许会有更多惊喜。

相信我，当你做完孩子的优点梳理后，会发现孩子真的很棒!

2. 看到孩子优点的训练：记录孩子日常生活中的优点

和家庭成员约定，随时记录孩子的优点或者让人感动的行为，如主动做事、关心他人、表达有想法的观点、遵守约定、提前完成任务等。按照“5W2H”要素进行整理：什么事（What）、和谁（Who）、什么时候（When）、在哪里（Where）、为什么（Why）、怎么做的（How）、结果是什么（How much），记录越详细，赞扬越到位。

刚开始训练时，让自己养成每天记录的习惯，如果当天没有发现优点，可以记为“保持”，让自己始终保持积极正向的态度，形成习惯后，便可不再采用记录的方式。

一分钟成为积极正向的父母

你认为自己是积极正向的父母吗?

孩子认为你是积极正向的父母吗?

两个问题，两个视角，父母的自我认知和孩子的认知有天壤之别。

我在一家图书馆给家长做分享时，有位妈妈问我：“我看了很多教育方面的书，也是按书里的内容做的，我认为我知道怎么教孩子，但为什么孩子却不太愿意和我说话?”恰好当天她8岁的女儿也在现场，于是我请这位妈妈和孩子一起做了沟通的现场展示。

妈妈牵着孩子从座位上走到讲台中间，面对面站立着，相距大约30厘米左右，站定后孩子悄悄地往后退了两步，妈妈似乎没有觉察到这种变化，就开始了她的沟通：

“宝贝，其实你非常聪明，妈妈一直觉得你很棒，但是你就是太粗心了，每次考试都答错很多题。”

“妈妈，我错了，我下次一定认真检查。”女儿乖巧地承认错误。

“你每次都这么说，但是每次都做不到，你是不是言而无信呢？”

“对不起妈妈，我下次一定改。”双手不安地绞在一起的女儿，身子开始随着双手扭动起来。

现场沟通展示不到3分钟，妈妈从站着到蹲着，孩子从仰头到低头，展示结束后，妈妈紧紧地抱着孩子，从观众的角度明显可以看到孩子把身体向后仰。

我问妈妈：“你觉得你是在鼓励孩子还是在批评孩子？”

“我当然是在鼓励孩子”，妈妈很轻松地回答。

“你觉得妈妈是在表扬你，还是在批评你？”孩子看着妈妈半天没有说话，过了一会儿才很小声地说：“批评。”妈妈当时就愣在了那里。

我问她：“你觉得孩子面对你的时候，为什么会后退呢？”

妈妈一脸茫然表示没有看到，当时她一直在想如何做这次沟通，忽略了孩子的反应。按照她的沟通设想，沟通氛围是积极轻松的，首先她鼓励了孩子，建立良好的关系后再和孩子沟通，最后通过拥抱让孩子接受自己的想法。这时候现场的父母们坐不住了，纷纷表述自己看到的情况：

“你太严厉了，孩子很怕你。”

“我觉得你是在批评孩子。”

“你说孩子太重了。”

年轻的妈妈露出了疑惑的表情，表示很难接受。随后我开始逐层分解她的整个沟通表现，从她的每一句话语到孩子的每一个变化，从她的每一个动作到孩子的每一次回应，整体过程分析后，这位妈妈突然哭了出来：“我多想成为优秀的妈妈啊，想和孩子成为这个世界上最好的母女，没想到却给孩子造成了这样的伤害。我认为自己是很爱学习的人，看了很多教育方面的书，也是认认真真地去按书本做的，但是最后没有想到是我自己的表达出现了问题。”

当局者迷，旁观者清，“知道”和“做到”之间还有很长的距离，这就是父母知道很多教育理念，却依然教不好孩子的原因。

成为积极正向的父母首先在表达上要积极正向。在沟通三大要素中，语言是非常重要的一种要素，让我们来认识一下积极正向的语言体系。

1．积极正向的语言

语言可以分为正向、中性、负向三种。

正向语言通常指褒义词，如良好、优秀、努力、聪明、美丽等。

负向语言通常指贬义词，如笨、愚蠢、傻等。

2．句式要呈现正向积极的趋势

在表达中，即使使用了正向语言，也不一定是正向积极的表达，重点看整体句式是否呈现出正向积极的趋势。

如果整体句式积极正向，即使有负向的语言，也是积极正向的表达。

日常生活中，无论你如何表扬孩子，无论你采用了哪种破冰方式，他都会认真地等你说出一个词——“但是”，因为“但是”后面往往藏着你真正的意图。当你即将进入正题指出他的错误时，还没等你说“但是”，孩子已经帮你把“但是”说了出来，而且还会表现出一副早已识破你居心的样子。

“但是”是很多孩子伤心的起点，因为后面往往跟着父母的批评。

“虽然—但是”是人们经常运用的句式，后面的趋势是正向还是负向，影响着整个沟通的效果。

认真体会一下这两句话有什么不同：

A．虽然你这次做得不错，整体上在进步，但是你总是在同一个问题上犯错误。

B．虽然你总是在同一个问题上犯错误，但是你这次做得不错，整体上在进步。

两句话都在说一件事，却给人完全不同的感受。A句让人垂头丧气，B句让人充满信心，差别就在“但是”之后，一个是积极向上，指出向好的趋势，表达美好的期望；一个是整体向下，指出错误。

来看一下图8-3，就一目了然了。

期望　优秀、积极、勇敢……

↑

趋势词　越来越　虽然-但是……

＋

积极的　正确/好/准确/棒……

图8-3　正向积极语句构成

再来看看图书馆里那位年轻妈妈使用的语句：

“宝贝，其实你非常聪明，妈妈一直觉得你很棒，但是你就是太粗心了，每次考试都答错很多题。”

这句话里，“但是”之后是批评和指责，是标准的负向语句，看似好像在表扬，实际上却是在批评，这就是为什么妈妈一直觉得是在表扬孩子，而孩子却始终觉得被批评。

积极向上的表达训练

如何在日常生活中让自己变得积极正向，以下方式会帮你更快更好地改变。

1．录制你的原始语言体系

想象一个平时孩子惹你生气的情景，思考你会如何和孩子沟通，用手机录下你想象中和孩子的沟通表达。

2．找出语言体系中的负向语言

认真听你录下的语音，写下你听完后的感受。看看你的表达中是否有负向语言，如果有，就记录下自己使用的负向语言和语句、语音、语调表达情况。

同时和其他人沟通你表达方式的问题，听取改善建议。

3．改善方法

设立一个沟通改善小目标，例如，每次沟通时多使用一次正向语言。

4．事后调查

实施自我语言体系改善计划一个月后，找家人对自己做一次评估，听听家人的反馈，同时再重复1~3的步骤，直到你达到自己设定的目标为止。

精进的重要技巧——复盘

为什么你的孩子会反复犯同一个错误

家长最窝火的事情是眼看着孩子在同一个问题上重复犯错，如果出现这种情况，说明孩子根本不知道该如何去改善，跳出循环犯错的怪圈。

不知道改善方向的改善，怎么会有好的改善效果呢?

精进来自复盘

复盘是围棋术语，也称“复局”，指对局完毕后，复演该盘棋的记录，以检查对局中招法的优劣与得失关键。

复盘的目的是找到成功的规律，通过全盘回顾，从中分析自己做得好和不好的地方，思考还能不能做得更好，对不好的地方需要如何改善。

通过复盘过程中对目标和结果的回顾、对过程的分析，可以找到更好的改进方法。

如何做好复盘

复盘就是科学家日复一日从失败的实验中思考如何成功。

复盘就是名师通过不断总结教学经验，反复推敲，最后形成自己的独有教学模式。

复盘就是“学霸”必备的错题本，不断找到犯错的原因，总结规律并不断改进。

复盘可借助专业的分析工具“鱼骨图”来完成，快速找到问题的原因及解决方法。“鱼骨图”又称因果分析法，从人员、环境、设施、物料、方法五大方面进行全面细致的分析。

复盘的步骤：

1．回顾目标

回想当初制定的目标或者期望是什么。

2．明确问题

明确需解决的问题。家庭成员使用“头脑风暴”法收集需要讨论的问题，做好记录。

采用每个人依次阐述问题的方式，大家一起讨论提出的每个问题，确定是否是真正的问题，如果不是，则从问题清单上划掉，剩下的就是需要改善的问题。尽可能多地找出问题，把相同的问题归类，以便一次可以解决多个同类问题。最后把要讨论的问题放在“鱼头”位置上。

3．分析问题

就放在“鱼头”位置的问题，大家一起讨论产生问题的原因，总结规律。

每个问题从人员、环境、设施、物料、方法五方面深入讨论，直到没有问题为止，并把这些问题对应整理到“鱼头”上去，让问题原因可视化呈现。组织者根据不同问题征求大家的意见，直到找出真正的原因。

4．解决方法

家庭针对问题清单及原因进行分析，讨论改善方案。改善方案要包括改善责任人、改善截止时间、改善要求描述等方面，达到任何人看到改善方案都能够执行的清晰程度。同时把改善计划书面化，便于每个家庭成员跟进。

以孩子数学成绩始终上不去的问题为例，在此用“鱼骨图分析法”分析（见图8-4）。

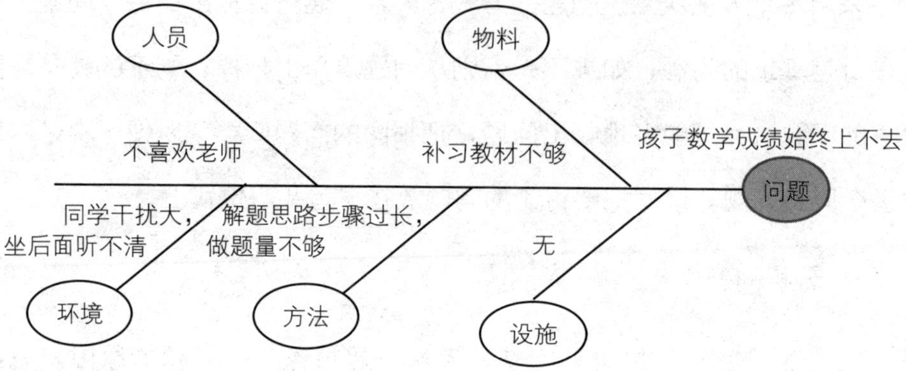

图8-4　鱼骨图分析法（示例）

复盘注意事项：

1．理性地谈问题。就事论事，切记不要从正在讨论的问题延伸到以往的问题，“秋后算账”，避免孩子以后拒绝和父母做复盘。

2．共同讨论。和孩子一起完成，不要说“你自己好好想”这样的话。好的复盘，父母就是导师和教练，可以通过每个问题来培养孩子发现问题及解决问题的能力。

通过对问题的复盘，找到问题产生的原因和改善的方法技巧，在改善中不断精进，让孩子远离重复犯错。

第九章

教育规划工具

团队角色测评

欢迎你参加团队角色测评，本测评将帮助你了解在当下团队中的角色定位。特别说明的是，在不同时期，你的团队角色会发生相应的变化，可不定期地进行测评。

测评共计7道题，每道题10分。每题有8个答案，请将10分分配到8个答案中，使总分相加不超过10分。分配的原则：越认同，得分越高（最极端的情况是10分全部分配给一个答案）。

一、我认为我能为团队做出的贡献是：

A．我能很快发现并把握住新的机遇。

B．我能与各种类型的人一起合作共事。

C．我生来就爱出主意。

D．我的能力在于，一旦发现某些对实现集体目标很有价值的人，我就及时把他们推荐出来。

E．我能把事情办成，这主要靠我个人的实力。

F．如果最终能导致有益的结果，我愿意面对暂时的冷遇。

G．我通常能意识到什么是现实的，什么是可能的。

H．在选择行动方案时，我能不带倾向性也不带偏见地提出一个合理的替代方案。

二、在团队中，我可能有的缺点是：

A．如果会议没有得到很好的组织、控制和主持，我会感到不痛快。

B．我容易对那些有高见却没有适当表达出来的人表现得过于宽容。

C．只要集体在讨论新的观点，我总是说得太多。

D．我的客观算法使我很难与同事们打成一片。

E．在一定要把事情办成的情况下，我有时使人感到特别强硬以至专断。

F．可能由于我过分重视集体的气氛，我发现自己很难与众不同。

G．我易于陷入突发的想象之中。

H．我的同事认为我过分注意细节，总有不必要的担心，怕把事情搞砸。

三、当我与其他人共同进行一项工作时：

A．我有在不施加任何压力的情况下去影响其他人的能力。

B．我随时注意防止粗心和工作中的疏忽。

C．我愿意施加压力以换取行动，确保会议不是在浪费时间或离题太远。

D．在提出独到见解方面，我是数一数二的。

E．对于与大家共同利益有关的积极建议，我总是乐于支持的。

F．我热衷于寻求最新的思想和发展。

G．我相信我的判断能力有助于做出正确的决策。

H．我能使人放心的是，对那些基本的工作，我都能组织得井井有条。

四、我在工作团队中的特征是：

A．我有兴趣更多地了解我的同事。

B．我经常向别人的见解进行挑战或坚持自己的意见。

C．在辩论中，我通常能找到论据去推翻那些不甚有理的主张。

D．我认为只要有计划就必须开始执行，我有推动工作运转的才能。

E．我有意避免使自己太突出或出人意料。

F．对承担的任何工作，我都能做到尽善尽美。

G．我乐于与工作团队以外的人进行联系。

表9-1　团队角色得分

题目	CW执行者	对应得分	CO协调者	对应得分	SH推动者	对应得分	PL创新者	对应得分	RI外交者	对应得分	ME监督者	对应得分	TW凝聚者	对应得分	FI完美主义者	对应得分
一	G		D		F		C		A		H		B		E	
二	A		B		E		G		C		D		F		H	
三	H		A		C		D		F		G		E		B	
四	D		H		B		E		G		C		A		F	
五	B		F		D		H		E		A		C		G	
六	F		C		G		A		H		E		B		D	
七	E		G		A		F		D		B		H		C	
总计																
排序																

表9-2　团队角色解读

团队角色	导向	特征	在团队中的作用
协调者	人际导向	对各种有价值的意见不带偏见地兼容并蓄，看问题比较客观	明确团队的目标和方向；确定决策和问题的优先顺序；确定团队角色分工、责任和工作界限
凝聚者		能促进团队的合作；倾听能力最强	支持、帮助他人；团队氛围的调节剂
外交者		喜欢交友，探索新事物；好奇心强，联系广泛；是信息的敏感者	提出建议，擅长整合信息；喜欢接触其他群体，参加活动

续表

团队角色	导向	特征	在团队中的作用
创新者	谋略导向	才华横溢、富有想象力、智慧、知识面广	提出建议；提出批评并有助于引出相反意见
监督者		判断力强、分辨力强、讲求实际	分析问题、澄清问题；对他人的判断和作用做出评价；敢于直言不讳地提出和坚持异议
专家		诚实、从自我做起、专注	在急需时带来知识和技能
完美主义者	行动导向	追求完美、持之以恒、勤奋有序、认真、易有焦虑感	强调任务目标要求和时间；指出错误及遗漏、忽视点；让团队产生时间紧迫的感觉
执行者		工作勤奋、有自我约束力、顺从、务实可靠	按规定执行既定的计划
推动者		积极主动、有紧迫感、视成功为目标、追求高效率	寻找和发现团队讨论中可能的方案；推动团队达成一致意见并行动

多元智力测评

欢迎你参加多元智力测评，本测评将帮助您了解孩子的智力优势。

测评共计48道题，请根据你的第一反应打分，15岁以下的孩子，可由父母帮助完成，15岁以上的孩子可以独立完成（见表9-3、表9-4）。

表9-4 多元智力测评解读

序号	智力	智力优势	建议发展方向
1	语言	主要是指有效地运用口头语言及文字的能力，即指听说读写能力，表现为个人能够顺利而高效地利用语言描述事件、表达思想并与人交流的能力	作家、演说家、记者、编辑、节目主持人、播音员、律师、传媒等
2	逻辑	喜欢提出问题并进行实验以寻求答案，寻找事物的规律及逻辑顺序，对科学的新发展有兴趣。即使他人的言谈及行为也成了他们寻找逻辑缺陷的好地方，对可被测量、归类、分析的事物比较容易接受	科学研究、金融、财务、计算机、数学类、工程师、商业、工程师等
3	空间	人对色彩、线条、形状、形式、空间及它们之间关系的敏感性很高，感受、辨别、记忆、改变物体的空间关系并借此表达思想和情感的能力比较强，表现为对线条、形状、结构、色彩和空间关系的敏感以及通过平面图形和立体造型将它们表现出来的能力。能准确地感觉视觉空间，并把所知觉到的表现出来。空间智能可以划分为形象的空间智能和抽象的空间智能两种能力。 形象的空间智能为画家的特长。抽象的空间智能为几何学家特长	设计、建筑、摄影、绘画、交互设计、美术、影视、话剧、服装、工程设计、军事、游戏等
4	运动	善于运用整个身体来表达想法和感觉，以及运用双手灵巧地生产或改造事物的能力。这类人很难长时间坐着不动，喜欢动手建造东西，喜欢户外活动，与人谈话时常用手势或其他肢体语言	运动员、舞蹈家、外科医生、手艺人、游戏等
5	音乐	主要是指人敏感地感知音调、旋律、节奏和音色等能力，表现为个人对音乐节奏、音调、音色和旋律的敏感以及通过作曲、演奏和歌唱等表达音乐的能力	作曲家、指挥家、歌唱家、乐师、乐器制作者、音乐评论家、乐器制作者、音乐评论家、游戏设计等

续表

序号	智力	智力优势	建议发展方向
6	人际	人际关系智能，是指能够有效地理解别人及其关系、与人交往能力，包括四大要素。①组织能力，包括群体动员与协调能力。②协商能力，指仲裁与排解纷争能力。③分析能力，指能够敏锐察知他人的情感动向与想法，易与他人建立密切关系的能力。④人际联系，指对他人表现出关心，善解人意，适于团体合作的能力	管理、传媒从业人员、行政官员、外交、客服、销售、售后、心理学、公关、教师、公益人士、服务类、娱乐类、餐饮等
7	自省	这种智能主要是指认识到自己的能力，正确把握自己的长处和短处，把握自己的情绪、意向、动机、欲望，对自己的生活有规划，能自尊、自律，会吸收他人的长处。会从各种回馈渠道中了解自己的优劣，常静思以规划自己的人生目标，爱独处，以深入自我的方式来思考。喜欢独立工作，有自我选择的空间	政治家、管理者、哲学家、心理学家、教师、培训师、科学家等
8	自然	能认识植物、动物和其他自然环境（如云和石头）的能力。自然智能强的人，在打猎、耕作、生物科学上的表现较为突出。自然探索智能应当进一步归结为探索智能,包括对于社会的探索和对于自然的探索两个方面	天文学、生物学、地质学、考古学、环境设计、环保、公益类、科学家等

注：请对“多元智力测评表”进行统计，并根据小项得分依次进行排序。前三项为个人相对优势。

续表

第十五题	1	我会尽量避免冲突	2	我爱好并认同音乐的艺术性
	3	在工作中，我会尽最大努力推动和完成工作	4	我喜欢结交朋友，喜欢参加各类活动
第十六题	1	我能记住生活中特别的日子，善解人意，喜欢帮助别人	2	我不达目的誓不罢休
	3	我喜欢不断地说话，喜欢热闹	4	我不愿意让别人不高兴，容易接受别人的想法
第十七题	1	我愿意做一个倾听者	2	我认为对朋友、工作和自己的梦想都要忠实
	3	在团队里，我的能力是最强的	4	别人总说我精力充沛，富有朝气
第十八题	1	我很知足现在的生活，不羡慕他人	2	我期望能够带领一个团队，并成为团队负责人
	3	我喜欢用图表或数据来分析和解决问题	4	在一个活动中，我很容易成为大家关注的焦点
第十九题	1	我喜欢一切事情井然有序，对自己和他人要求都高	2	别人认为我具有很强的亲和力
	3	我很喜欢工作，如果闲下来会很难受	4	朋友搞活动的时候，都喜欢邀请我参加
第二十题	1	我总是充满活力	2	为了完成任务，我不怕冒险
	3	我认为每个人都应该让自己的行为举止符合社会的道德规范	4	我喜欢稳定的生活，不愿意参与到其他斗争中

表9-6　DISC性格测评答题卡

题号	D	I	S	C	题号	D	I	S	C
一	1	3	2	4	七	3	4	2	1
二	3	2	4	1	八	1	2	4	3
三	4	3	1	2	九	3	4	2	1
四	3	4	2	1	十	4	3	2	1
五	4	1	2	3	十一	1	2	3	4
六	3	4	1	2	十二	4	1	2	3

续表

题号	D	I	S	C	题号	D	I	S	C
十三	2	4	3	1	十七	3	4	1	2
十四	2	1	3	4	十八	2	4	1	3
十五	3	4	1	2	十九	3	4	2	1
十六	2	3	4	1	二十	2	1	3	4

统计出对应DISC的数量。

D	I	S	C

按照数量从高到低排序，对应的DISC就是孩子当下的性格特征。

对不同性格的人，可以采取对应的鼓励点和激励点。

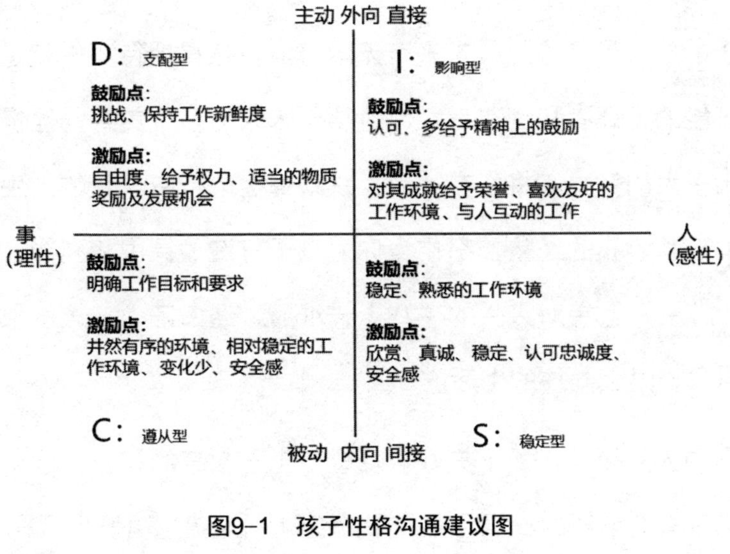

图9-1　孩子性格沟通建议图

结束语

我们有幸生活在这个和平而伟大的时代，见证强大祖国的繁荣和发展。社会的不断变化、科技的不断发展带来了新的商业思维和模式，逐步颠覆了旧的格局。对普通家庭来说这是最好的时代，孩子可以凭借能力“逆袭”，抓住这难得的时机，成就精彩的人生。

孩子的成长是美妙的，未来有无限可能，值得期待。你就是孩子去实现无限可能的见证者和创造者，你对孩子未来有多少美好的憧憬，就会为孩子付出多大的努力。将你在社会上跌跌撞撞前行中收获的人生五味、曾经吃过的亏和收获的经验，都化为你为孩子打造的铠甲和利器，让孩子苦练“七十二变”，笑对人生的“八十一难”，遇山开山、遇水架桥，成为最好的自己，过上向往的生活。

孩子的人生很长，始于美好的梦想，忠于教育的初心，成于有规划的行动，家庭教育培养的日积月累，最终会让别人望尘莫及！

此时乾坤未定，谁都是黑马。未来已来，从现在开始拥抱未来！

参考文献

[1] 伊藤穰一，杰夫·豪．爆裂：未来社会的9大生存原则[M]．张培，等译．北京：中信出版社，2017．

[2] 迈克尔·波特．竞争战略[M]．陈丽芳，译．北京：华夏出版社，2005．

[3] 保罗·赫塞．情境领导者[M]．麦肯特企业顾问有限公司，译．北京：中国财政经济出版社，2003．

[4] 亚当·阿尔特．欲罢不能：刷屏时代如何摆脱行为上瘾[M]．闾佳，译．北京：机械工业出版社，2018．

[5] 霍华德·加德纳．多元智能新视野[M]．沈致隆，译．北京：中国人民大学出版社，2012．

[6] 罗伯特·帕特南．我们的孩子[M]．田雷，宋昕，译．北京：中国政法大学出版社，2017．

[7] 威廉·戴蒙．迈向目的之路[M]．许芳菊，译．台北：亲子天下出版社，2013．

[8] 马尔科姆·格拉德威尔．异类[M]．苗飞，译．北京：中信出版社，2014．

[9] 安德斯·艾利克森．刻意练习：如何从新手到大师[M]．王正林，译．

北京：机械工业出版社，2016.

[10] 梅雷迪思·贝尔宾. 超越团队[M]. 李丽林，译. 北京：中信出版社，2002.

[11] 古斯塔夫·勒庞 . 乌合之众[M]. 胡小跃，译. 杭州：浙江文艺出版社，2018.

[12] 塞德希尔·穆来纳森，埃尔德·沙菲尔. 稀缺[M]. 魏薇，龙志勇，译. 杭州：浙江人民出版社，2018.

[13] 亚伯拉罕·哈罗德·马斯洛. 动机和人格[M]. 许金声，译. 北京：中国人民大学出版社，2013.

[14] 麦肯锡全球研究院. 失业，就业：自动化时代的劳动力转移报告[R]，2017.

[15] 波士顿咨询. 迈向2035：4亿数字经济就业的未来，迈向2035：攻克数字经济下的人才战略[R]，2017.

[16] 中国教育部教育部学位与研究生教育发展中心. 全国第四轮学科评估[R]，2017.

[17] 中国青少年研究中心. 中美日韩网络时代亲子关系的对比研究报告[R]，2018.